GEORGES DEM...

L'ORIGINE

DE LA VIE

PAR...

PARIS

...ROTHSCHILD, ÉDIT...

L'ORIGINE
DE LA VIE.

L'ORIGINE

DE LA VIE

PAR LE DOCTEUR

GEORGES PENNETIER

OUVRAGE ILLUSTRÉ DE NOMBREUSES VIGNETTES SUR BOIS

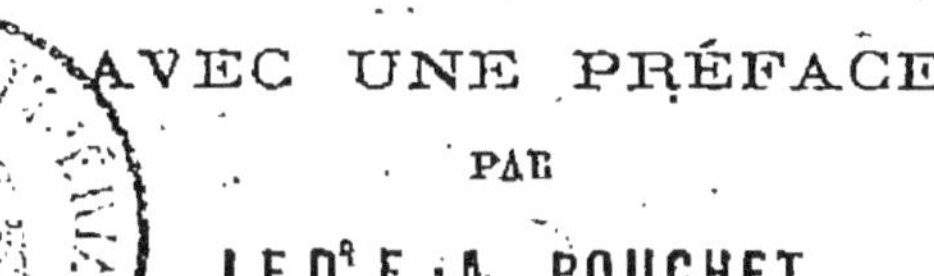

AVEC UNE PRÉFACE

PAR

LE DR F.-A. POUCHET.

PARIS

J. ROTHSCHILD, ÉDITEUR,

LIBRAIRE DE LA SOCIÉTÉ BOTANIQUE DE FRANCE,

43, Rue St-André-des-Arts, 43

1868

A

MONSIEUR LE Dr F.-A. POUCHET,

Correspondant de l'Institut (Ac. des Sc.)

PRÉFACE

Dans le sein de l'Académie des Sciences, la génération spontanée a été l'objet de la plus grande
discussion des temps modernes. Les savants les
plus illustres y ont pris part, les Dumas, les
Milne-Edwards, les Claude Bernard et les Quatrefages; et, quelles qu'aient été l'énergie et
l'habileté de leurs dénégations, cette importante
question se trouve chaque jour de plus en plus
affirmée, soit en France, soit à l'Etranger, tant
elle apparaît avec toutes les clartés de l'évidence !

Pour tout esprit réfléchi, l'hétérogénie est
une conséquence logique de l'apparition et du
mouvement ascendant des êtres organisés à la
surface du globe. Au point où en sont arrivées
les sciences naturelles, on s'étonne, en voyant
quelques savants éminents, oser encore contester
cet irrécusable phénomène.

Puisque la manifestation de la vie a succédé
à la conflagration générale du globe; puisqu'il
est démontré que le feu et les océans l'ont suc-

cessivement retravaillé ; enfin, puisqu'il est
évident que chaque grande période tellurique a
vu surgir une nouvelle faune et une nouvelle
flore, il devient évident aussi, que la vie a présenté de multiples origines ; et qu'à chacune
de ses périodes il faut qu'il y ait eu de nombreuses créations spontanées.

L'étude comparative de l'écorce terrestre at-
teste, en effet, la permanence de ce cycle in-
cessant d'extinction et de genèse ; de destruction des espèces anciennes et d'apparition de
nouveaux organismes.

Ce que nous venons de dire étant proclamé
par des hommes de la valeur des de Humboldt,
des Cuvier, des Lyell, des Buckland, des Agassis,
des Pictet, des d'Orbigny et des Brongniart, toute
révolte contre de telles autorités s'évanouirait
dans le néant.

Ainsi, comme la vie a surgi de toutes pièces
durant chacune des grandes phases du globe,
en se manifestant encore aujourd'hui elle ne
fait que suivre sa marche normale ; le contraire
serait un phénomène subversif de l'ordre immuable établi depuis un nombre incommensu-
rable d'années.

Pour renverser des faits qu'attestent ostensiblement chaque parcelle de notre sphère, et tant
et tant d'hommes de génie ! que peuvent cer-

taines expériences dans lesquelles on tourmente quelques grammes de liquide dans de petits ballons hermétiquement scellés ou étirés ? Mais absolument rien, ainsi que depuis cent ans on le crie de toutes parts à M. Pasteur et à ses devanciers.....

Or, la succession des créations organiques étant un axiome fondamental de la Géologie, et la science parlant ici avec une inexorable inflexibilité, tout géologue qui contesterait ces générations successives, renverserait d'un seul coup l'œuvre de toute une époque, et celle de la plus belle pléïade de savants qui ait jamais existé.

En présence de ce grand fait, qui domine toute leur science, les géologues se trouvent donc forcés d'admettre des générations spontanées successives, ou une incessante mutabilité de l'organisation, émanée d'une création unique. Récuser ce dilemme embarrassant, c'est rabaisser la Géologie au niveau d'une hypothèse sans fondement.

Lorsque, dans une des séances de l'Académie des Sciences, j'adjurai M. Pasteur de s'expliquer nettement à ce sujet, il ne répondit absolument rien. C'est qu'en effet il n'y a pas là de faux-fuyant possible ; il fallait opter pour la théorie de la mutabilité de Lamark et de Darwin ou pour celle des créations successives de Cuvier, de de Humboldt et d'Agassis, ou brusquement retrancher du catalogue des connaissances humaines l'une de ses plus magistrales conceptions : c'est le sublime *To be or not to be* d'Hamlet.

Les géologues l'ont parfaitement senti ; aussi aucun d'eux n'a osé s'élever contre les générations successives, c'est-à-dire l'hétérogénie se reproduisant sans cesse dans le temps et l'espace sous l'influence d'une force suprême.

Lorsque la science démontre, avec l'évidence d'un axiome, qu'une force unitaire préside à cette incessante évolution de la vie, c'est se révolter contre le témoignage des sens et de la raison que de s'arroger le droit de l'enchaîner.

A la surface de la nécropole terrestre, la création se continue dans l'éternité ; les formes subissent une perpétuelle mutabilité, mais l'immuable puissance qui préside à leur évolution reste sans cesse active et dominatrice.

Quelques esprits timorés récusent la génération spontanée à cause du mystérieux voile qui la dérobe ; pour tout philosophe, elle n'est nullement plus extraordinaire que la reproduction normale. L'invisible Infusoire qui apparaît sous ses enveloppes, n'a rien d'aussi merveilleux qu'un homme sortant d'un œuf que l'œil aperçoit à peine.

Vers la fin du dernier siècle, Spallanzani et Bonnet, un peu enclins à la merveillosité, prétendirent que l'air était encombré d'œufs et de semences imperceptibles. De leurs temps, et avec l'imperfection de leurs instruments, on pouvait soutenir une telle hyperbole. Mais lorsqu'après un demi-siècle, M. Pasteur reproduit cette hypothèse surannée, il doit être tenu d'étaler à nos yeux cette moisson atmosphérique que nos admirables microscopes achromatiques nous ont appris maintenant à connaître. Lorsqu'un jour je sommai ce chimiste de me montrer ses germes, il me répondit qu'il les avait fait voir à tout Paris! Après cette réponse, il allait se dérober comme le Parthe qui lance sa flèche, lorsque je lui fis observer qu'il a pu fasciner les charmantes dames pressées dans l'amphithéâtre de la Sorbonne, mais que ce qu'il avait montré si facilement à tout Paris, les yeux de lynx des Ehrenberg, des Burdach, des de Baer, des R. Wagner, des Joly, des Musset, des Baudrimont et des Wymann, l'avaient en vain cherché dans l'atmosphère.

Là, c'était donc tout le monde savant, l'Allemagne, l'Amérique et la France, qui se révoltait contre l'audacieuse assertion!

En France, il a fallu quinze ans d'incessants combats pour vaincre les dénégations des sa-

vants relativement à la coexistence de l'espèce
humaine et des races éteintes des grands Pachy-
dermes ; il y faudra quinze ans aussi pour convaincre l'universalité des naturalistes de la continuité des créations spontanées.

Il a fallu que l'Angleterre donnât magistrale-
ment sa sanction à l'ancienneté de l'homme,
pour que la France timide consentît enfin à l'accepter ; et c'était cependant chez elle qu'elle
avait été démontrée par les remarquables travaux de M. Boucher de Perthes. L'hétérogénie
suit la même marche. Reconnue aujourd'hui
comme un fait irréfutable par les plus illustres
physiologistes de l'Allemagne, de l'Italie, de
l'Angleterre et de l'Amérique, il faudra bien
qu'un jour elle rentre victorieusement à Paris.

La vérité est comme le croulant rocher de
Sisyphe, il faut que chaque siècle recommence
à la replacer au sommet de la montagne.

Les sciences ont planté leur glorieuse tente
au beau milieu de la France : leur sceptre lui
appartient. Cependant, nulle part le souffle gla-
cial du scepticisme n'a un tel empire. Ce qui
fait défaut à la science française, c'est la liberté
philosophique : on l'enchaîne dans l'étroitesse
d'un dogme, dès qu'elle aspire vers ses hautes
régions. L'Allemagne, l'Angleterre, l'Italie et
l'Amérique ne connaissent pas de semblables

entraves ; aussi est-ce dans ces divers états qu'on a vu surgir les premières lueurs de nos grandes conceptions biologiques.

Si aujourd'hui le génie n'expie plus dans les cachots la gloire qu'il fait rayonner sur les nations, comme au temps de R. Bacon ou de Galilée ; si nous ne sommes plus retenus par ces scrupules suprêmes qui paralysèrent si longtemps Copernic, chez nous, d'autres tortures menacent quiconque franchit les étroites limites de la science officielle ; son front est stigmatisé d'un sceau réprobateur. Ses partisans les plus convaincus osent à peine parler, et la timide réserve des uns suscite l'audace de leurs adversaires. Ne l'a-t-on pas vu dans les récents débats sur la génération spontanée ? Des savants timorés, frappés d'une religieuse terreur, en récusaient l'examen : prenez-garde, s'écriaient-ils, vous touchez aux plus redoutables sujets, il s'agit là des origines de la vie !...

Mais ce problème de la vie, que le génie humain s'efforce en vain de pénétrer, restera toujours insondable ; il n'est question ici que de son histoire, en constatant le lieu où elle commence à poindre. C'était chose facile....., mais on ne voulait pas entendre, on ne voulait pas voir : Cuvier l'avait défendu, et son école docile s'efforçait d'immobiliser les préceptes du maître.

Elle le voulait, comme elle a voulu nier l'organisation des Infusoires, nier la circulation des Insectes, nier l'anatomie philosophique ; mais enfin la révolte de toute l'Europe savante a subjugué l'erreur, et c'est ainsi que s'apprête le triomphe prochain de l'hétérogénie.

Dans cette grande lutte de la science moderne, les adversaires ont combattu avec des armes absolument différentes, et leur tactique démontrait aux moins clairvoyants de quel côté siégeait la force réelle et penchait la victoire.

Les rénovateurs de la panspermie atmosphérique ont constamment tiré le voile sur tout ce qui les embarrassait. Après avoir dérobé soigneusement les travaux de leurs adversaires, ils couronnaient leur œuvre en présentant chacune de leurs expériences comme le dernier terme de la science. M. Pasteur citait les siennes comme devant *convaincre tout le monde*, c'est son expression (comptes-rendus 1860, t. 50, p. 306). A un autre moment, dans le sein de notre illustre Compagnie, il annonçait qu'il allait abattre toutes les têtes de l'hydre de l'hétérogénie. Mais le monstre implacable et vivace repousse perpétuellement ses effroyables gueules, en Italie, en Amérique, en Allemagne et même en Angleterre.

Des naturalistes de l'ordre le plus élevé n'ont

pas su braver cette défaillance de l'esprit humain. M. Milne Edwards, lui-même, qui écrit
une Physiologie d'une immense valeur et où
tout est traité avec une irréprochable et complète
érudition, quand il s'agit de la génération spontanée, raye tout d'un trait cette énorme masse
d'excellents travaux français et étrangers qui la
démontrent ostensiblement, pour ne citer que les
expériences erronées qui la combattent. Si j'a-
vais l'honneur d'être l'ami du grand zoologiste,
je le supplierais, au nom de sa propre gloire, de
ne pas laisser cette imperfection dans son œuvre !

Les hétérogénistes, au contraire, pleins de
confiance en leurs forces, ont courageusement
affronté leurs adversaires. Ils en ont cité tous les
travaux, attaqué pied à pied toutes les observations, renversé toutes les expériences. Et après
n'avoir plus laissé autour d'eux que des débris,
ils ont ouvert des routes nouvelles et fait mettre
le doigt sur l'évidence. Ils n'ont pas cherché la
solution de l'insondable problème de l'existence; mais ils ont pu suivre pas à pas l'apparition de la vie, depuis le moment où elle se manifeste immobile et indécise, jusqu'à celui où
l'être s'anime et jouit de toutes ses prérogatives.
Là, ils ont vu la semence spontanée se développer et produire un végétal déterminé; ailleurs,

c'était l'œuf qui se formait sous leurs yeux et donnait naissance à de frêles animaux.

C'est ainsi que marche la vraie science : elle renverse l'erreur et fait toucher du doigt l'immuable vérité.

L'ouvrage du docteur Pennetier est la plus saisissante preuve de tout ce que nous venons d'avancer dans cette introduction. Il y donne un rare exemple de savoir et d'indépendance. Dominé par les préceptes de l'école à laquelle il appartient, ce savant expose avec une scrupuleuse attention les travaux de tous ses adversaires ; aucun n'est omis. Et après cet exemple, qui a trop peu d'imitateurs, il combat courageusement pied à pied tout ce qui lui est opposé, et place enfin la science dans ses voies rationelles et progressives.

Cette œuvre, qui est un remarquable résumé de ce qui a été produit jusqu'à ce jour sur l'hétérogénie, restera un modèle de la force agissant sous l'empire de la raison et de la bonne foi.

Après cela, que nous fait, que de notre époque M. Pasteur vienne rajeunir les vieilles idées du siècle dernier. Que nous fait que quelques personnes croient encore à des métaphores scientifiques que la micrographie moderne a anéantie de fond en comble ; toutes les expériences du chimiste de Paris n'ont-elles pas été renversées, en Italie, par celles de Mantegazza; en France, par celles de Joly, de Musset et de V. Meunier; en Angleterre, par celles de W. Child; en Allemagne, par celles de Schaffhausen; et en Amérique par celles de J. Wyman?

Enfin, pour nous résumer en quelques mots, lorsque les créations successives ont été affirmés par Cuvier, Agassis, Buckland, Lyell, Al. d'Orbigny et Ch. d'Orbigny; et lorsque les générations spontanées ont été admises par des savants de la valeur des Harvey, des Buffon, des Lavoisier, des de Humboldt, des J. Muller, des Dugès, des Burdach, des Treviranus, des Tiedemann, des Valentin, des Bérard, des A. Richard et des Fée, la voix de l'habile chimiste qui nous a combattu, peut-elle avoir le moindre écho près de tous ceux qui connaissent la marche des sciences naturelles?

F. POUCHET,

au Museum d'histoire naturelle de Rouen,
le 15 Novembre 1867.

INTRODUCTION.

La Matière se présente à nous sous divers états ; à chaque forme qu'elle revêt, elle affecte une manière d'être différente, elle acquiert des propriétés nouvelles inhérentes à sa composition élémentaire.

Avant que notre Planète ne passât de sa période d'incandescence, à celle où, pour la première fois, parurent les premiers vestiges de la végétation, la première ébauche de l'animalité, elle était entièrement minérale. La Nature était exclusivement soumise aux lois physiques et chimiques.

Mais, au sortir de ce chaos, lorsque la croûte terrestre se fut refroidie et consolidée, lorsque l'atmosphère se fut suffisamment purifiée, la vie apparut à la surface et la matière ainsi modifiée, revêtit de nouveaux caractères. Des caractères d'ordre organique !

La différence est grande, entre la substance

brute, cristallisable et la matière vivante douée de mouvement et de sensibilité ; il est donc de toute impossibilité qu'elle ait pu successivement et sans transition, revêtir ces deux formes.

Il n'en fut pas ainsi, en effet, et, grâce aux découvertes de la chimie moderne, nous assistons au passage de sa forme primitive, brute, minérale, à un état semi-organisé dans lequel elle contient tous les éléments de l'organisme, n'est pas encore vivante, mais n'attend pour cela, qu'un certain concours de circonstances. La vie n'apparaîtra, dit fort bien M. Pouchet, que par suite de conditions nouvelles dans lesquelles entrera la matière.

Le caractère le plus saillant de la matière « organique », ce livre est destiné à l'établir, est la propriété qu'elle a de « s'organiser » sous certaines influences. En dehors de tout corps vivant, l'élément anatomique initial d'un grand nombre d'animalcules et de plantes peut en effet apparaître par «genèse spontanée» au sein d'une matière organique amorphe.

La solution du grand problème de l'origine des êtres, demandée d'abord à la théologie, puis à la métaphysique, est essentiellement aujourd'hui du domaine de la science positive. Le règne des hypothèses gratuites est passé, le temps de l'observation et de l'expérimentation est venu. « Science, Conscience se sont embrassées », dit fort bien M. Michelet ; et A. Dumesnil a raison : « nous entrons dans un âge où la plus grande poésie se trouvera dans la Vérité.» Que la science et la théologie poursuivent donc isolément leur chemin, chacun y gagnera : l'observateur, confiant en ses propres forces, ira librement à la recherche de l'inconnu et le croyant ne s'éveillera plus, chaque matin, en tremblant que quelque savant n'ait arraché dans la nuit une nouvelle page de son *Credo*.

LES MICROSCOPIQUES.

Au-delà du monde visible, il est toute une classe d'êtres vivants dont le microscope seul nous révèle l'existence et qui, nous montrant la vie dans ses formes les plus simples, sont les plus aptes à nous en dévoiler le mystère.

Pour les microscopiques, la goutte d'eau est un globe, la bulle d'air une atmosphère et là, pourtant, respirent, se recherchent où se combattent, aiment et meurent ces infiniment petits de la nature vivante.

A toutes les époques géologiques, les infusoires ont joué un rôle immense. Les recherches d'Ehrenberg en ont démontré la présence dans la silice de l'Ile-de-France, le silex pyromacque, le tripoli, la farine fossile de Santa-Fiora; l'humus des environs de Berlin en est tout entier composé, leurs nombreuses espèces vont même jusqu'à former des montagnes. On les rencontre sous tous les climats, au fond de la mer comme au sommet des monts les plus élevés ; ils constituent en un mot, un des éléments principaux du globe.

Dans l'espace d'une année le Gange en transporte une masse égale à six ou huit fois le volume de la plus grande pyramide d'Egypte.

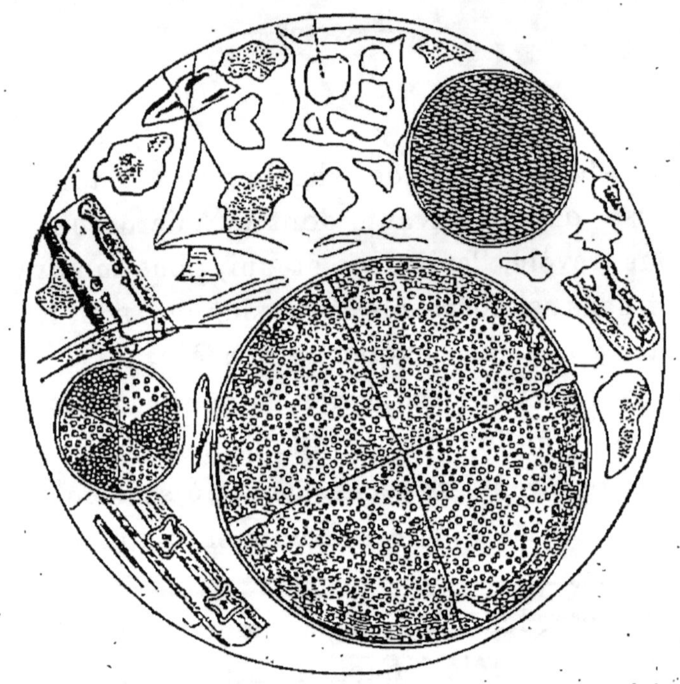

Infusoires trouvés au fond de la mer, vus au microscope.

Là, enfin, où la vie semble impossible, près des pôles, on rencontre encore des myriades d'infusoires.

« Supprimez ces microscopiques bestiolettes et le monde sera incomplet ! » Moquin-Tandon.

La découverte de ces animaux remonte à celle

du microscope, ce sixième sens de l'homme,
comme l'appelle M. Michelet. Hartzoeker et

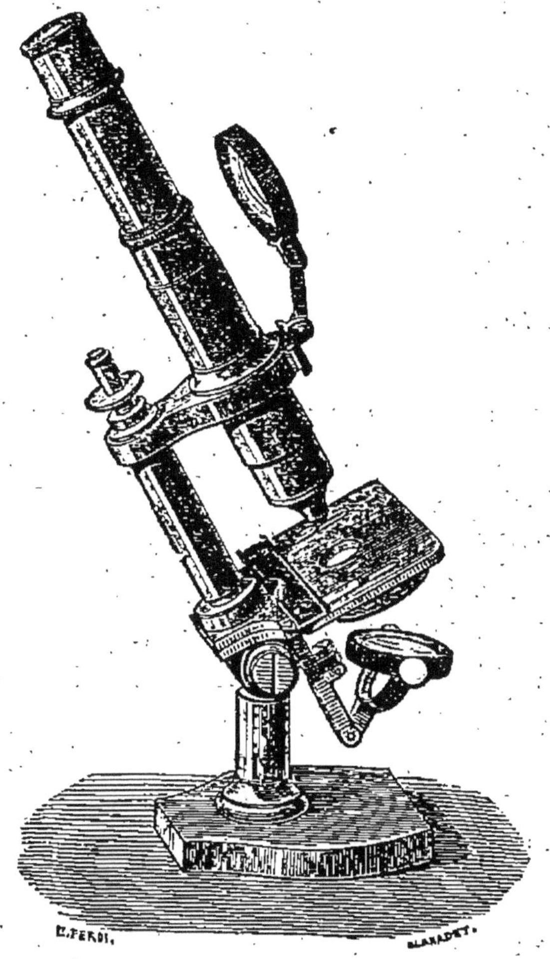

Microscope achromatique de M. Nachet.

Leuwenhoek sont, en effet, les premiers qui en
aient révélé l'existence. On leur donne généralement le nom d'infusoires, de protozoaires, de
microzoonites ou de microzoaires.

Etudiée pour la première fois avec soin par F. Muller, l'anatomie des *Microscopiques*, comme les appelait Bory St-Vincent et que Buffon considérait comme une simple matière animée, sans organisation intérieure, est aujourd'hui fort compliquée. Il s'en faut de beaucoup cependant que nous possédions sur tous des notions aussi étendues, il en est même dont la nature végétale ou animale est encore douteuse et pour lesquels Bory Saint-Vincent avait créé son *Règne psychodiaire*.

A mesure que la science fait des progrès, ce groupe tout provisoire se dégarnit naturellement. C'est ainsi que, dernièrement encore, grâce aux belles *Recherches* de M. le docteur Ch. Musset de Toulouse, *sur la structure, le développement, la reproduction et la nature des* OSCILLAIRES, ces êtres bizarres longtemps indéchiffrés, viennent de prendre définitivement rang parmi les animaux, à côté des derniers représentants du groupe des Annélides. L'auteur cependant, signale l'extrême difficulté qu'il y a souvent à différentier le règne végétal du règne animal et il reconnaît avec beaucoup de raison, qu'il n'y a pas et ne peut pas y avoir de limite distincte entre eux. Il n'y a qu'un RÈGNE ORGANIQUE.

« Les deux mondes, dit fort justement M. Eugène Noël, dans sa *Vie des fleurs*, partent des infusoires

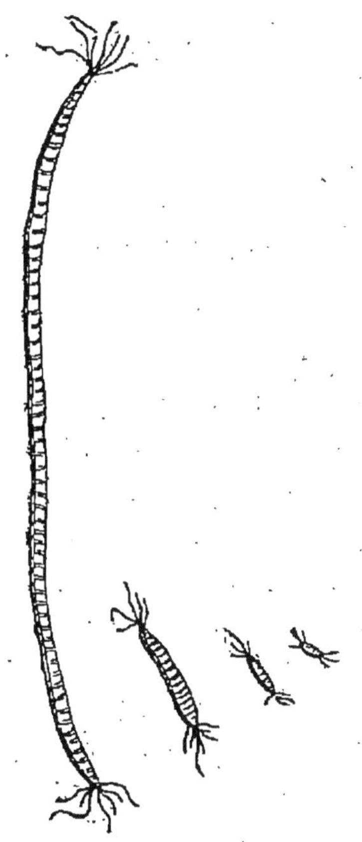

Oscillaires d'adanson à divers degrés de développement, vus au microscope.

et semblent suivre quelque temps une même ligne qui se biffurque pour s'en aller en se végétalisant d'un côté et de l'autre en s'animalisant. »

Successivement envisagés comme des êtres

organiques parfaits ou comme dépourvus plus ou moins complètement des attributs ordinaires de l'animalité, les infusoires forment aujourd'hui non plus un monde à part dans la série organique mais des groupes naturels, ayant des connexions plus ou moins intimes avec les autres invertébrés.

Ils sont tous à peu près translucides, ont un système cutané recouvert parfois d'une carapace solide et présentent le plus souvent à leur surface des cils nombreux dont les fonctions se rapportent à la locomotion ou à la préhension des aliments. Leur mode de progression est fort curieux à observer : tantôt ils nagent comme des poissons, tantôt rampent à la manière des serpents ou se tortillent comme des vers de terre, tantôt enfin, comme cela se voit dans les « Volvoces », ils tournent constamment sur eux-mêmes.

Au-dessous de la cuticule ou peau, se voient le parenchyme musculeux et les organes de la digestion, de la respiration et de la génération.

Le tube digestif est ordinairement composé d'un nombre assez considérable de renflements ou estomacs ; le système respiratoire, invisible parfois, est très apparent chez les Vorticelles ; et l'organe de la circulation consiste en une ou plusieurs vésicules douées, comme le cœur des animaux supérieurs, de mouvements de contraction et de dilatation. Pour plus de détails sur ces appareils, nous renvoyons à notre travail sur l'anatomie et la physiologie des *Microscopiques*.

Pour bien étudier l'organisation des infusoires, il faut colorer le milieu dans lequel ils s'agitent, avec du carmin ou de l'indigo ; on place ensuite sur une plaque de verre et à côté d'une goutte

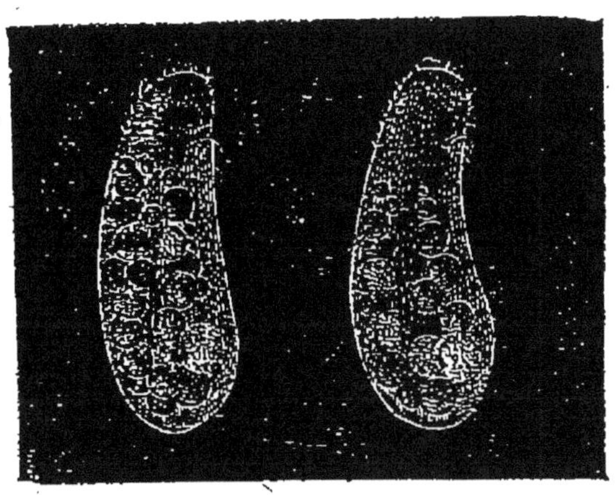

Infusoires dont les vésicules intestinales sont en totalité ou en partie remplies de carmin.

d'eau pure, une goutte de la liqueur colorée, puis, à l'aide d'une aiguille, on met les deux gouttes en contact. Les infusoires pénètrent dans le liquide incolore et il devient alors facile de voir colorés en bleu ou en rouge les divers organes qui composent leur canal digestif.

On n'est pas encore parvenu à démontrer anatomiquement la présence chez les animalcules microscopiques, d'un appareil nerveux ; ils opèrent cependant une foule d'actes parfaitement volontaires et qui semblent en nécessiter l'existence. Il en est de même, selon nous, relativement aux végétaux. N'exé cutent-il pas des mouvements manifestes, partiels ou de totalité, et n'ont-ils pas le pouvoir de réagir sur les liquides auxquels on les soumet? Bien plus, les poisons végétaux qui, dans les deux règnes d'êtres vivants, déterminent la mort sans laisser aucune trace de leur action, ne révèlent-ils pas chez les plantes un appareil correspondant au système nerveux des animaux?

Il nous reste à signaler les organes reproducteurs des infusoires. Leurs moyens de propagation sont multiples, ce qui nous explique le rôle énorme que jouent ces animaux dans la nature et comment, malgré leur ténuité extrême, ils ont, avec les siècles, constitué à eux seuls une partie de l'écorce terrestre.

Dans le mode de reproduction regardé comme le plus général, la division spontanée ou « *scissiparité* », l'animalcule se divise et chaque partie devenue indépendante, constitue autant d'infusoires nouveaux. « Par ce mode de propagation, dit Dujardin, un infusoire est la moitié d'un infusoire précédent, le quart du père de celui-ci, le huitième de son aïeul, et ainsi de suite, si l'on peut nommer père ou mère d'un animal celui qui revit dans ses deux moitiés, aïeul celui qui, par une nouvelle

division, continue à vivre dans ses quatre quarts.
On pourrait imaginer tel infusoire comme une
partie aliquote d'un infusoire semblable qui aurait
vécu des années et même des siècles auparavant,
et dont les subdivisions par deux, et toujours par
deux, se seraient, continuant toujours à vivre,
développées successivement. » Ce phénomène est
infiniment moins fréquent qu'on ne le suppose et
a été, le plus souvent, confondu avec un état d'accouplement.

Mantegazza, dans son très remarquable Mémoire sur *la génération des infusoires*, affirme que
durant 14 mois pendant lesquels des millions de
microzoaires de toutes les espèces, ont passé sous
ses yeux, c'est au plus s'il a vu deux ou trois fois
un animalcule se diviser. La Scissiparité ne peut
donc être invoquée pour expliquer l'abondance des
infusoires qui peuplent les macérations.

Jamais, en vingt années d'observations, M.
Pouchet n'a pu rencontrer une seule Vorticelle
en train de se diviser. Relativement au section-
nement de ces microzoaires, deux ordres de faits
ont, selon lui, égaré les savants : les monstruosi-
tés et le parasitisme. Il croit que l'on a pris pour
un commencement de scissiparité l'accolement
tératologique de deux vorticelles, et pour une fin
du même phénomène l'existence de deux vorticelles entièrement séparées et situées à l'extrémité

de la même tige. Mais, pour lui, ce que l'on rencontre bien plus fréquemment, c'est le parasitisme
de petites vorticelles libres cramponnées par leurs
cils à la naissance du funicule d'individus adultes.
Il n'en a toujours rencontré qu'une pour un de

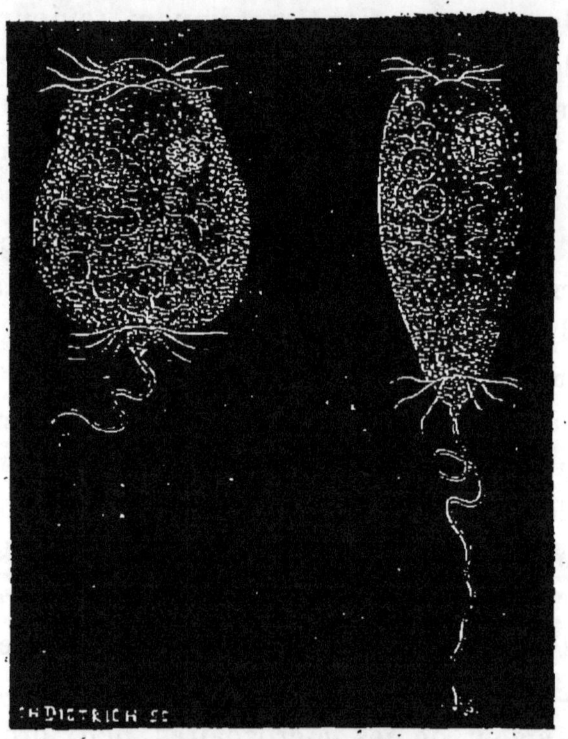

Vorticella infusionum. Pouch.

ceux-ci; et la grande différence de volume entre
les deux individus ne permettait pas de soupçonner
là une scissiparité.

Une autre variété de division spontanée, la reproduction par bourgeons ou « *gemmes* » est également fort rare et restreinte à quelques groupes isolés.

Mais, il n'en est plus de même de la « *génération sexuelle* ». Un grand nombre d'infusoires, possèdent en effet les organes reproducteurs des animaux élevés : des glandes séminales, des ovaires. Ces animalcules, comme l'a démontré M. Balbiani et comme nous l'avons admis nous-même, dans notre mémoire sur les phénomènes de la vie chez les infusoires, s'accouplent pour se féconder et se servent à la fois et réciproquement de mâle et de femelle. Une fois fécondés et l'accouplement terminé, ce qui dure souvent plusieurs jours, les œufs sont émis au dehors, se développent et éclosent.

Les auteurs qui ont étudié les phases de cette reproduction sexuelle, tombent tous d'accord qu'elle exige des conditions multiples et elles sont loin d'avoir toujours lieu. L'apparition des animalcules peut alors avoir une tout autre origine, être due à une « *genèse spontanée* » et, dans les deux cas, l'œuf une fois produit, se développe en présentant la même série de phénomènes.

R. Owen et Ehrenberg disent que le sommeil est inconnu aux animaux qui nous occupent. Il est vrai, qu'à quelque heure que nous les examinions ils nous apparaissent toujours en mouvement ; mais, ne peut-on pas supposer que la lumière qui est indispensable pour les observer, les éveille aussitôt et ne nous permet pas de les saisir pendant le sommeil? Malgré l'autorité de ces deux grands noms, nous ne saurions donc être aussi affirmatif qu'eux.

La mort, chez les infusoires, se produit de plusieurs manières. Tantôt les éléments qui les constituent se désagrègent subitement, entrent en « diffluence, » pour employer l'expression de Dujardin ; tantôt ils « s'enkystent » avant de mourir, ou plutôt paraissent s'enkyster, car ils ne font simplement que changer de forme. Peu à peu l'animalcule s'immobilise, se contracte en boule, son cœur cesse de battre, et son enveloppe cutanée se déchire.

Selon Muller, la physiologie des infusoires présenterait une particularité fort remarquable : leur diffluence pourrait être incomplète. Il rapporte avoir vu un colpode se résoudre en molécules jusqu'à la sixième partie du corps et le reste se mettre à nager comme si rien ne lui était arrivé. Nous ne mettons nullement en suspicion l'exactitude de l'observation de Muller, mais nous croyons pouvoir rapporter cette soi-disant parcelle d'animal qui continue de vivre à un embryon mis en liberté par une diffluence complète de l'individu parent.

Les infusoires, cependant, au dire de quelques auteurs, offriraient encore un autre genre de décomposition. Nous le signalons sans en garantir l'authenticité. « Si l'on approche, dit Moquin Tandon, de la goutte d'eau dans laquelle ils nagent, une barbe de plume trempée dans de l'ammoniaque, l'animalcule s'arrête, mais continue à mouvoir rapidement ses cils. Tout à coup, sur un point de son contour, il se fait une échancrure qui s'agrandit peu à peu, jusqu'à ce que l'animalcule entier soit dissous. Si l'on ajoute une goutte d'eau pure, la décomposition est brusquement enrayée, et ce qui reste de l'animalcule recommence à se mouvoir et à nager. (Dujardin). »

Pour se procurer des infusoires, le moyen est bien simple ; il suffit de mettre dans un peu d'eau des substances animales ou végétales, des tiges, des feuilles, des fleurs, des graines. Peu de temps après, si surtout la température est un peu élevée, le liquide se peuple d'un nombre tellement prodigieux de ces animalcules, qu'il devient souvent impossible d'énumérer ce qu'en contient la plus petite goutte. La population, d'abord formée des organismes les plus simples, ne tarde pas à disparaître pour faire place à d'autres, plus compliqués.

Inutile de dire que l'eau stagnante des étangs ou des mares fétides, tient toujours à la disposition de l'observateur des quantités innombrables d'animalcules de toutes sortes, affectant les formes les plus multiples, les structures les plus diverses.

Les animaux microscopiques sont loin d'avoir tous le même degré de complication organique. Leur taille est également fort variable. Le nom d'un certain nombre d'entre eux devant fréquemment revenir sous notre plume, nous allons en donner une description succincte en commençant par les plus infimes, ceux qui apparaissent les premiers dans nos infusions.

Les MONADES, dont les dimensions ne dépassent parfois pas celle d'un simple point, ont le corps sphérique et transparent. Un ou plusieurs filaments flagelliformes leur tiennent quelquefois lieu d'organes de mouvement. Les micrographes ont

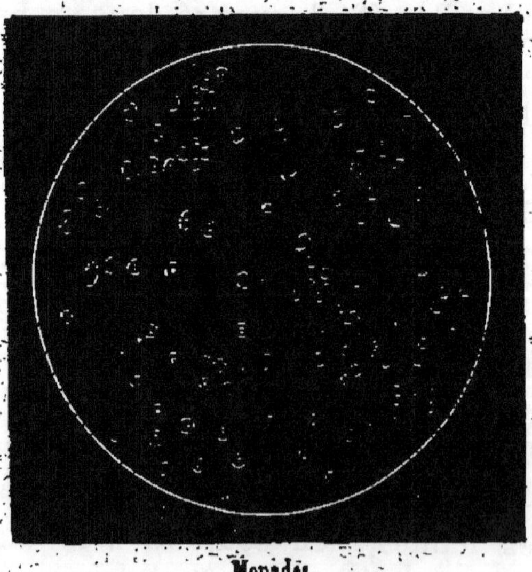

Monades.

décrit un très grand nombre d'espèces, parmi lesquelles nous signalerons comme fort communes les *Monas crepusculum, termo, punctum et lens*.

L'infinie petitesse du *monas crepusculum* explique le nombre vraiment fabuleux de ces atômes vivants que les naturalistes ont parfois comptés dans une seule goutte de liquide. C'est ainsi que R. Owen a calculé qu'il en existait plus de 500,000,000 dans une goutte d'eau,

La « monade lentille, » beaucoup plus volumineuse, a le corps ovale, presque globuleux, et pré-

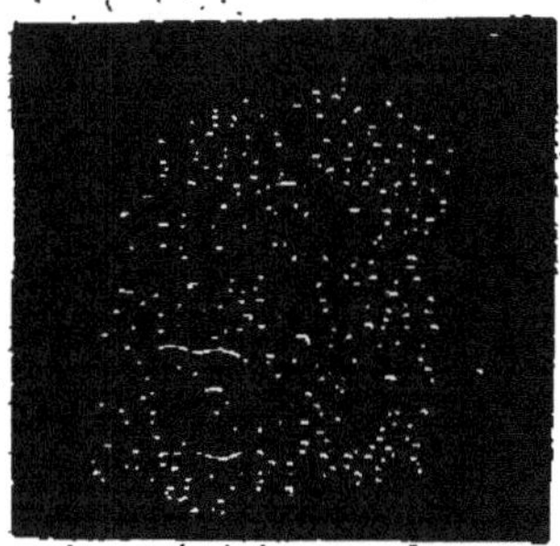

Monade lentille.

sente à sa partie postérieure une queue souvent trois ou quatre fois aussi longue qu'elle.

Les BACTÉRIES, que quelques savants classent encore parmi les végétaux, ont l'aspect de petits bâtonnets, ordinairement rangés côte à côte, et dont les mouvements fort rapides s'opèrent en ligne droite. Ils se rencontrent dans un grand nombre d'infusions ou macérations, entrent dans la composition du tartre dentaire, et, dans certains cas de maladie, font partie de quelques-unes de nos humeurs. C'est ainsi que l'ont démontré entre autres : MM. Pouchet, pour le catharre des muqueuses enflammées ; Tigri, pour les affections typhoïdes ; Davaine, pour la maladie des bêtes à laine, connue sous le nom de sang de rate ; Coze et Feltz, de Strasbourg, pour les maladies infectieuses telles que la fièvre typhoïde et la variole.

On en connaît plusieurs espèces : les plus communes sont les *bacteriums catenula, bacillus* et surtout le *bacterium termo* de Müller.

Bacterium termo. Müll.

Nous indiquerons sous les noms de VIBRIONS et d'ANGUILLULES, des animaux filiformes, dépourvus d'organes de locomotion et dont les dimensions peuvent être très variables. Les espèces de ces groupes sont fort nombreuses. On les trouve dans l'eau des fossés, les infusions végétales, l'eau douce ou salée, les ruisseaux, les eaux stagnantes ; dans le vinaigre, la colle de pâte, le blé niellé, les truffes, le sable des toits, etc.

Le vibrion *spirillum* a la forme d'un tire-bouchon et tourne sur lui-même avec une rapidité extrême. « Il n'y a pas d'objet microscopique, dit

Dujardin, qui puisse exciter plus vivement l'ad-
miration de l'observateur que le *spirillum tournoyant*. »

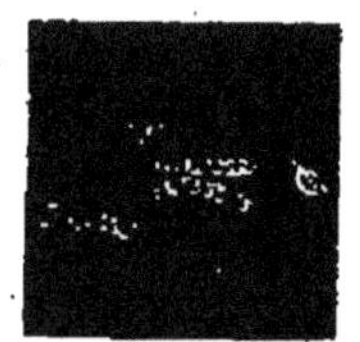

Vibrion tournoyant.

L'ANGUILLULE DU BLÉ NIELLÉ se rencontre dans
les années humides principalement, sur les blés à
tige basse, tortue, nouée et à feuilles d'un vert
bleuâtre et recoquillées en différents sens. Ces animaux, dont l'organisation est relativement fort
compliquée, se trouvent blottis par milliers sous
des coques épaisses et dures, espèces de petits
grains arrondis et noirâtres, moins volumineux
que les grains de blé sains. Mais, si l'on examine
un épi malade avant et après la maturité du blé,
on trouve de notables différences dans les anguillules qu'il recèle. Ces différences tiennent à l'âge
des animaux ; dans le premier cas, ce sont des
« adultes, » tandis que dans le second, ce sont des
« larves. »

M. Victor Châtel a vu apparaître des *anguillules*
sur un morceau de *truffe* qui avait été pris dans la
partie encore saine du milieu d'un tubercule commençant à se décomposer superficiellement. Je

n'ose pas dire, écrit-il à ce sujet, que ces animalcules se développent spontanément, et, cependant, comment expliquer la préexistence de germes dans cette partie?

Nous signalerons enfin l'ANGUILLULE DES TOITS. Reconnue d'abord par Spallanzani, observée depuis lui, notamment par Dujardin, mais seulement en passant: nous croyons être le premier à avoir repris son étude physiologique dans nos *Recherches sur les Anguillules des toits.*

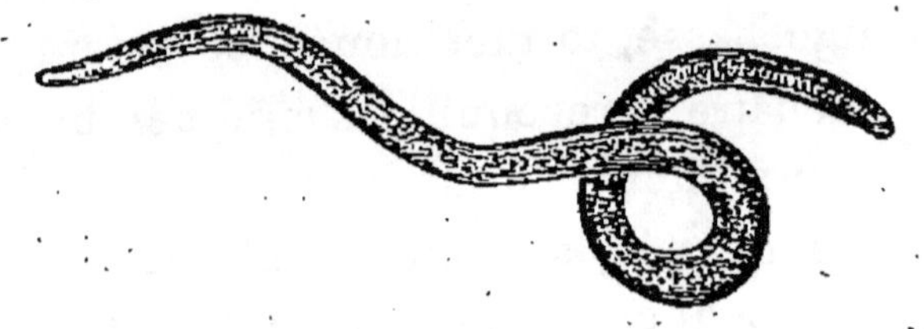

Anguillule des toits.

M. Perez vient de publier sur l'anguillule terrestre une thèse remarquable; c'est à peine, cependant, s'il aborde la question de la résistance vitale de cet animalcule, et, qu'il nous permette de le lui dire, il s'attribue dans les quelques lignes qu'il lui consacre, des résultats à la priorité desquels nous croyons avoir nous même quelque droit.

Les animaux microscopiques présentent des différences de taille considérables. Il y a entre l'infime monade et les infusoires ciliés dont nous allons nous occuper, une distance beaucoup plus grande que celle qui sépare le lion de la souris.

Les PARAMÉCIES, acquièrent une complication organique fort élevée. Leur corps, ovoïde et légèrement aminci en avant en forme de massue, est entièrement recouvert de cils vibratiles qui servent non-seulement à la locomotion mais aussi à la respiration et à la préhension des aliments. Elles ont une bouche distincte et présentent latéralement un pli oblique dirigé vers cet orifice. Les différentes parties du canal digestif sont moins bien dessinées, moins apparentes que chez les Colpodes avec lesquels, elles ont d'ailleurs beaucoup d'analogie.

Les COLPODES, ont le corps cilié, ovale, en forme de rognon ; les bouts sont arrondis et l'antérieur souvent aminci. La transparence de leurs téguments

Kolpoda cucullus. Müll.

rend très distincts les différents organes, estomacs, cœur, etc. Le *Colpoda cucullus*, se rencontre dans un grand nombre d'infusions végétales et notamment les macérations de foin.

Les STENTORS vivent en abondance dans les eaux stagnantes. Ils sont totalement recouverts de cils vibratiles, offrent souvent une coloration bleue, verte ou noirâtre. Leur forme variable, est tantôt celle d'un fuseau, d'une sphère et souvent celle d'un cône dont la base est entourée d'une rangée de cils très forts se contournant en spirale pour aboutir à la bouche.

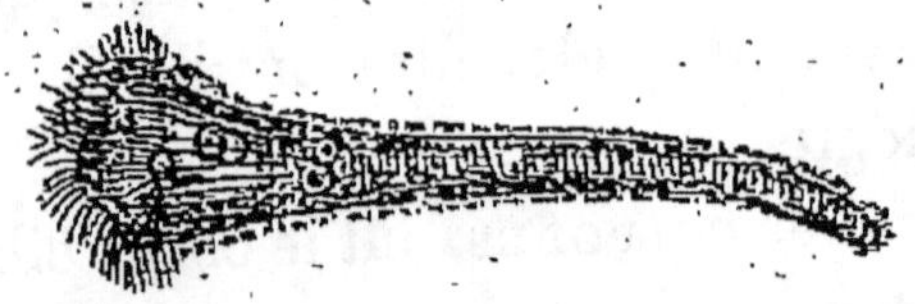

Stentor Mülleri. Ehr.

Les VORTICELLES, composent un groupe fort nombreux en espèces. Ces animaux, véritables fleurs animées, sont nus, contractiles et présentent autour de la bouche, une rangée circulaire de cils qui, par leur agitation, produisent un tourbillon dans l'eau. Leur corps est conique, campanulé, et présente, en arrière, un pédicule, espèce de queue subitement contractile en spirale, jamais rameux, qui les tient en laisse. Habitat ordinaire : eaux stagnantes, conferves, plusieurs infusions végétales, feuilles de végétaux aquatiques, infusion dans l'eau de mer, etc.

Les BRACHIONS, sont entièrement ou partielle-
ment renfermés dans une gaîne ou carapace, véritable petite coquille. Ce caractère les différentie

de suite des vorticelles qui sont nues mais, comme
elles, ils présentent des organes rotatoires et une
organisation fort compliquée. On rencontre les
différentes espèces qui composent ce genre, au
printemps, dans les eaux vives et courantes, les
eaux stagnantes, l'eau de mer, sur les lentilles
d'eau et les couferves.

Les ROTIFÈRES ont pour séjour habituel le sable des gouttières, les sillons des tuiles courbes et plates, les mousses des toits. On les rencontre également dans certains fossés, étangs ou marais.

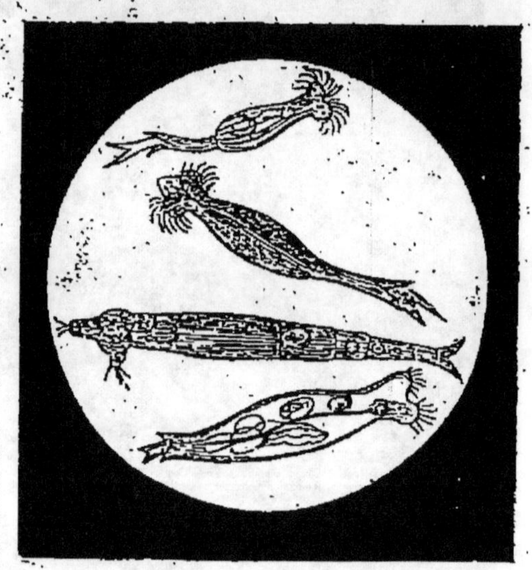

Rotifères.

Les Rotifères des toits (*Rotifer tectorum*), classés d'abord parmi les Crustacés par Burmeister, mis ensuite dans la section des vers par Wiegmann, Wagner, Milne Edwards, Berthold, Siebold ; enfin, classés plus rigoureusement par Dujardin dans le groupe des « systolides broyeurs » et sur l'organisation desquels Ehrenberg a jeté une vive lumière, sont remarquables à plus d'un titre. Leur corps est divisé en anneaux qui peuvent alternativement rentrer les uns dans les autres et s'allonger

ensuite comme les tubes d'une longue vue ; leur
partie postérieure est armée d'un trident, organe locomoteur et leur tête présente deux petits,
yeux rouges. Mais, ce qu'il y a de plus curieux à
noter, et ce sur quoi les auteurs ont surtout insisté,
c'est la présence, de chaque côté de la tête, de
deux tronçons surmontés de deux espèces de
roues mobiles au gré de l'animal et qui lui ont
valu son nom (*rota* roue, *ferre* porter.)

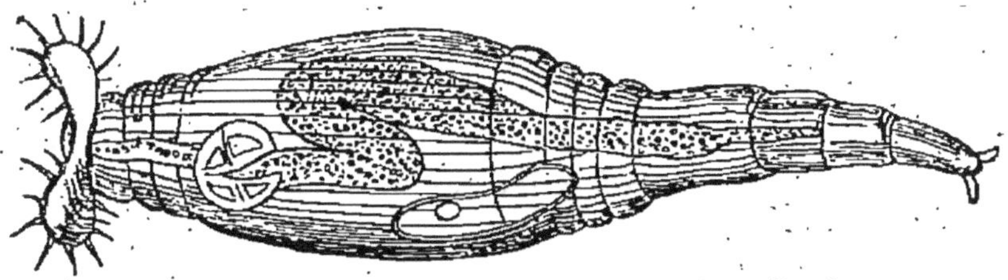

Rotifère des toits.

Quelle est au juste la fonction de ces organes
singuliers ? Représentent-ils un système respiratoire ou des ébauches de branchies par paires
symétriques comme le pense Bory-de-Saint-Vin-
cent ? Sont-ils destinés à conduire à la bouche du
rotifère la matière dont il se nourrit, comme le
veut Spallanzani ? Ou bien, enfin, ont-ils pour
mission ces deux fonctions à la fois, ce qui paraît
assez probable ? Mes observations ne m'ont pas
encore permis de rien affirmer sur ce point de
physiologie, de même qu'il me serait difficile de

me prononcer sur la véritable nature d'un petit organe doué de mouvements de contraction et de dilatation et situé vers le sommet du rotifère, espèce de petite vésicule traversée par deux lignes en croix que Leuwenhoek, Baker et Bory-de-St-Vincent regardent comme un cœur, mais que Spallanzani, se basant sur ce que cet organe ne bat que par intermittence, suivant la volonté de l'animal et concurremment avec le mouvement des roues, croit servir pour les aliments, de manière qu'il se contracte et se dilate pour recevoir la nourriture. Deux faits cependant semblent ici donner raison à Spallanzani : d'abord les mouvements de l'organe au gré de l'animal (il serait le seul, en effet, chez lequel les battements du cœur seraient soumis à la volonté), ensuite la facilité avec laquelle il se colore lorsque l'animal est soumis à une eau dans laquelle on a préalablement délayé une substance colorante, du carmin, par exemple.

Spallanzani, en humectant le sable des rotifères, découvrit un nouvel animal qu'il prit d'abord pour *un petit insecte terrestre tombé par hasard dans ses crystaux de montre,* mais qu'un examen plus suivi lui montra être particulier aux mêmes localités que le rotifère et qu'il nomma *Tardigrade,* en raison de la lenteur (très contestable) de ses mouvements. Il appartient au groupe connu aujourd'hui sous le nom de « systolides suceurs. »

La famille des TARDIGRADES renferme trois genres principaux auxquels les micrographes ont donné

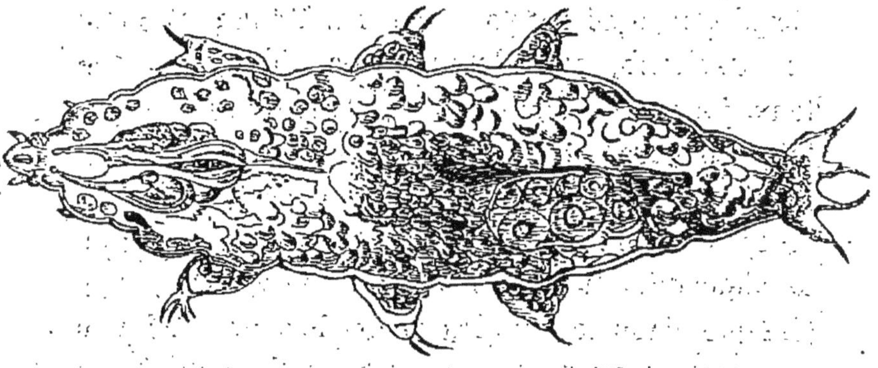

Milnesium tardigradum.

le nom d'*Emydium, Milnesium et Macrobiotus*. L'espèce la plus commune est assurément le *macrobiotus hufelandii*, le milnesium tardigradum est rare; on ne l'avait même guère rencontré qu'à St-Maur-les-fos-

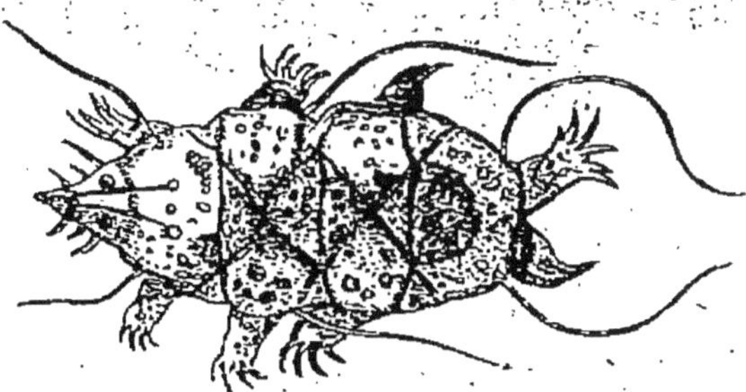

Emydium testudo.

sés, près de Vincennes, quand M. Doyère le trouva près de Toulon avec l'*Emydium testudo*, également assez rare.

Le « Macrobiote d'Hufeland », le seul pour ainsi dire qui ait servi à nos expériences, car les *Emydiums* nous ont paru rares à Rouen et dans ses environs, possède un corps oblong, granuleux, jaunâtre, contractile en boule, trois à quatre fois plus gros que le rotifère, donnant naissance de chaque côté, à trois pattes courtes, coniques, composées de trois articulations terminées par des crochets dont la pointe est tournée vers le corps (comme dans les ongles recourbés de quelques insectes) et présentant à leur partie postérieure deux mamelons à crochets qui servent à l'animal pour se cramponner.

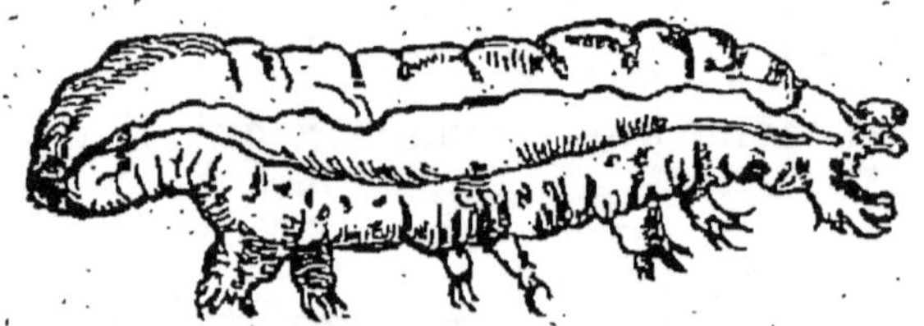

Macrobiotus Hufelandii.

La nature des organismes est entièrement soumise aux conditions dans lesquelles se produit leur genèse, et si la forme animale domine dans la putréfaction, les « protophytes » ou végétaux élémentaires prennent surtout naissance dans les fermentations.

La famille des ALGUES et celle des CHAMPIGNONS, dans lesquelles se trouvent réunies les plantes les plus simples, sont également celles dont l'origine spontanée est le moins contestable.

Ces plantes sont la plupart exclusivement cellulaires, et la cellule est le point de départ de l'organisation, l'élément fondamental de la végétation. Les fibres et les vaisseaux qui, avec les cellules constituent les végétaux supérieurs, n'en sont que des modifications. Le tissu cellulaire est un véritable tissu générateur.

Ces cellules s'engendrent parfois très rapidement ; on les peut voir alors se multiplier à vue d'œil. Un champignon, qu'en raison de sa forme, les savants ont nommé *Cranium,* et qui est exclusivement composé de cellules, se développe en une nuit de douze heures. Il y a quelques années, un botaniste publiait qu'un végétal semblable contenait quarante-huit milliards de cellules ; de manière qu'il s'était développé quatre milliards de ces cellules par heure et quatre-vingt-seize millions par minute !

Au printemps et pendant les automnes pluvieux, les allées de nos jardins, nos murs et, en un mot, tous les endroits isolés se couvrent de plaques verdâtres ou rougeâtres. Ce sont autant de végétaux de la famille des algues.

La teinte rouge de la neige des hautes montagues de la Suisse, est également due à la présence d'individus microscopiques de la même famille.

Les pluies dites de sang ont une semblable origine et s'expliquent aussi facilement que les pluies de soufre causées par le pollen inflammable de certains végétaux, que les vents abattent sur les villes.

A la famille des champignons, nous devons rapporter les moisissures dont se recouvrent, dans les lieux chauds et humides, le pain, les confitures, les tonneaux en caves ; l'oïdium de la vigne, certaines taches que présentent les feuilles, sont également dues à des végétaux microscopiques du groupe des champignons ; l'ergot de seigle et celui du blé sont produits par le *mycelium* (blanc de champignon), d'un de ces végétaux qui a pris la place du grain. Les différentes sortes de levûre (levûre du cidre, levûre de bière, levûre de vin, levûre de jus de groseilles, etc.), sont autant de semences, de spores spontanées qui se produisent pendant la fermentation, et qui, une fois germées, donnent naissance à des champignons appartenant surtout aux genres *Penicillium, Aspergillus, Ascophora,* et *Collarium.*

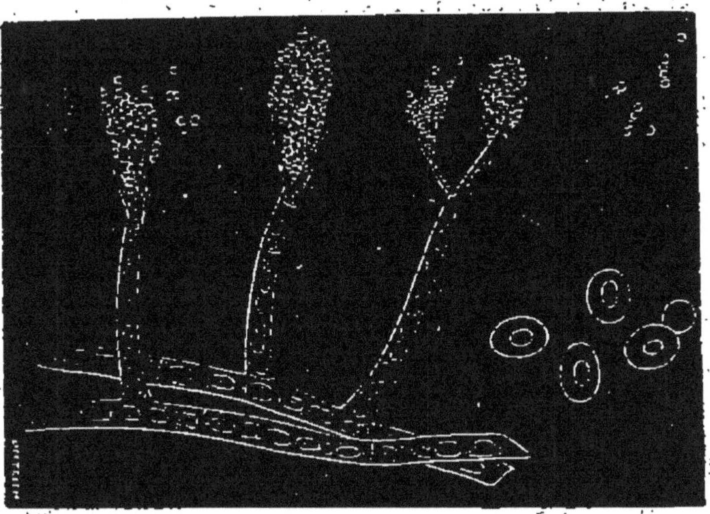

Penicillium produit par certains spores de levûre qui nagent sur le cidre.

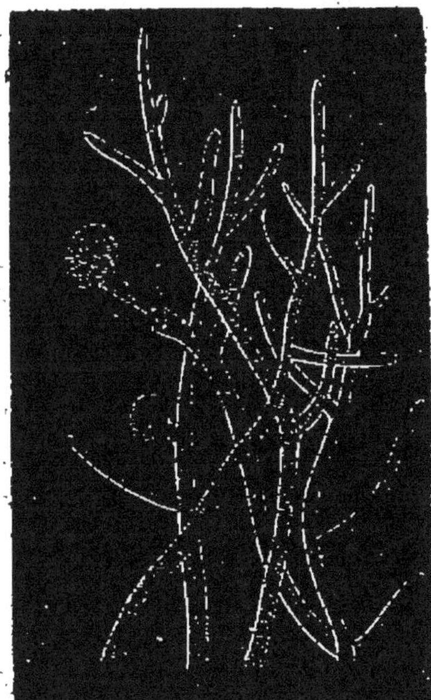

Aspergillus fungoides. Pouch.

On voit donc que les individus de ce groupe sont loin d'avoir tous le même volume et le degré de complexité que nous présente le champignon servi sur nos tables. Les filaments connus sous le nom de « blanc de champignon, » et qui constituent réellement la plante, naissent de cellules ou spores spontanées qui ont germé et se sont développées. A un moment donné, les organes dits de fructification apparaissent et produisent une poussière impalpable composée de cellules auxquelles les botanistes ont donné le nom de spores et qu'ils regardent comme de véritables graines.

Nous avons vu qu'un certain nombre de champignons vivaient en parasites sur d'autres plantes ; un certain nombre aussi croissent sur les animaux et déterminent parfois chez eux des maladies rebelles, telles que la « teigne tonsurante » la « pellade, » la « mentagre, » le « pityriasis versicolor, » la « teigne faveuse, » le « muguet. »

Les champignons affectent principalement la peau ; les plantes parasites que l'on rencontre parfois à la surface des muqueuses, appartiennent, la plupart, au contraire, à la famille des algues. On en trouve dans la bouche, le tube digestif, la vessie, etc.

Un grand nombre de champignons ont, en effet, un habitat tout spécial. Il en est qui ne vivent que sur les excréments du chat ; un autre, que sur ceux de la souris ; le cadavre des araignées donne également naissance à un végétal particulier, et il en est de même des sabots des chevaux en putréfaction. Certains champignons ne s'observent que sur des insectes et diffèrent même suivant qu'ils

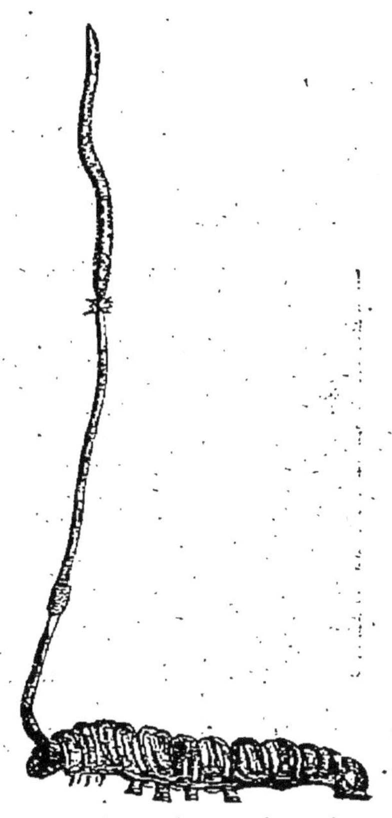

Cordyceps Robertsii sur la chenille de l'Hepialus virescens.

sont à l'état de larve, à l'état de chrysalide ou à l'état parfait. Il en est un fort remarquable, le *Cordyceps Robertsii*, qui ne croît que sur une chenille.

Un certain nombre de produits de notre industrie se recouvre de végétaux qui ne croissent nulle part ailleurs. Il en est de spéciaux pour la colle sèche, le fromage, les vieux papiers qui s'altèrent, le drap pourri, les murailles recrépies, etc.

Chaque fermentation, enfin, produit une végétation cryptogamique particulière ; on croit généralement que le brasseur ensemence ses cuves ; il n'en est rien, il y met simplement un produit putrescible qui détermine la fermentation et cette dernière produit la levûre qui, une fois germée,

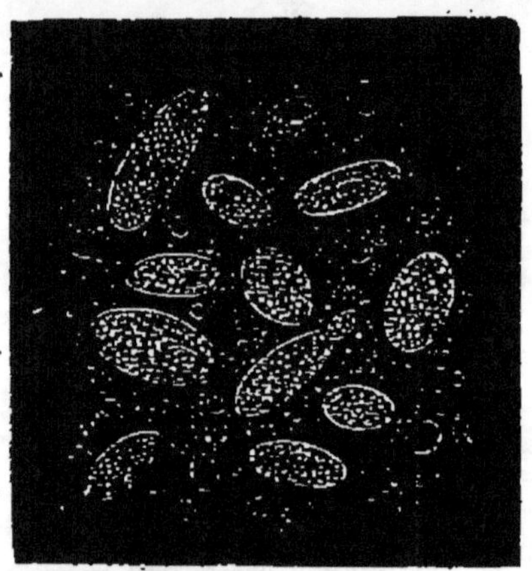

Spores de levûre du cidre.

s'offre quelquefois à nos yeux sous forme de glaíres. Cela est si vrai que jamais on n'ensemence le vin ni le cidre, et qu'ils donnent cependant naissance à une levûre abondante.

Les produits chimiques eux-mêmes donnent parfois naissance à des cryptogames particuliers ; témoins les solutions d'hydrochlorate de baryte,

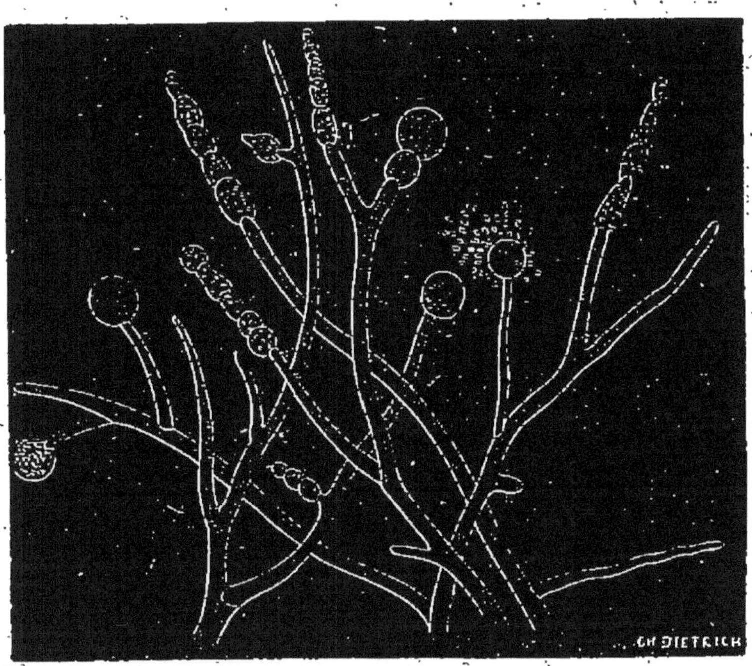

Aspergillus polymorphus. Touch. produit par les spores de levûre malique figurées ci-dessus.

l'eau distillée de sauge, le mucilage de gomme adragante, le suc de groseilles, etc. En variant les combinaisons, on fait également varier la végétation ; nous donnons ci-dessous la figure d'un champignon microscopique d'un beau noir, absolument inconnu, et que M. Pouchet, qui lui a donné le nom d'*Aspergillus primigenius*, a obtenu

3

sur un sol préparé avec de la colle de farine recouverte d'une macération de poudre de noix de
galle.

L'hétérogénie, qui va maintenant nous occuper,
ne peut produire que des organismes, végétaux

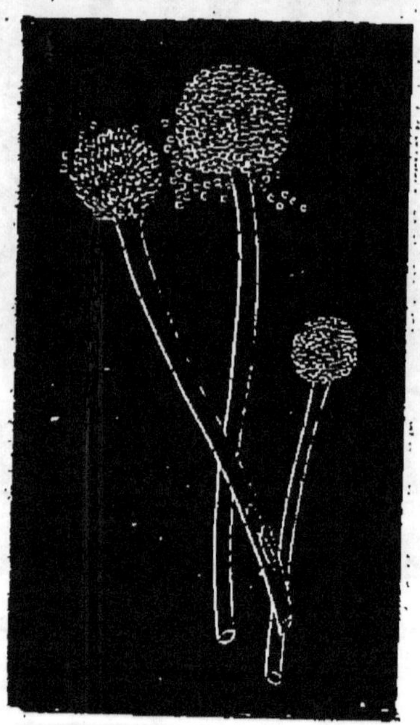

Aspergillus primigenius. Pouch.

ou animaux, de la nature de ceux que nous venons de citer, c'est-à-dire d'une structure fort simple. Le chêne et le palmier sont, comme l'oiseau
et le mammifère, l'œuvre des siècles. La mutabilité des formes avec celle des milieux et avec le
temps illimité comme condition, peut rendre
compte de leur apparition sur la terre.

HISTORIQUE

DE

LA GÉNÉRATION SPONTANÉE

La notion de la spontéparité est de tous les âges, l'antiquité semble même n'avoir pas soupçonné qu'elle pût être l'objet d'un doute. Le sol de l'Egypte, au dire de Plutarque, passait pour engendrer des rats, et Virgile, dans ses *Georgiques*, fait naître des abeilles de la chair d'un bœuf en putréfaction.

Mais la génération spontanée était entendue alors dans une tout autre acception qu'aujourd'hui, et le principe de l'organisation spontanée de la matière subsiste seul. Personne ne discute plus la question de savoir si l'hétérogénie peut créer un être de toutes pièces ; ses partisans voient dans la genèse spontanée l'origine de la vie et se croient seulement en mesure de démontrer, qu'en dehors de tout corps vivant, il peut dans certaines conditions, se former une matière organique amorphe, c'est-à-dire sans forme déterminée, aux dépens de laquelle l'élément anatomique initial d'un grand nombre d'animalcules ou de plantes, peut spontanément apparaître.

La « Genèse spontanée hétérogénique, » admise par les anciens, a vu depuis s'élever contre elle de nombreux adversaires, mais, en même temps, conservait toujours de fervents adeptes. Elle subit le sort commun à toutes les grandes vérités. Comme la fécondation végétale elle a eu ses Pontédéra et ses Tournefort, après avoir été acceptée des anciens ; mais, comme elle aussi, des Levaillant, des Camérarius pour la défendre, des Linné pour la démontrer.

Les philosophes et les savants de l'antiquité ont tous eu, avons-nous dit, le sentiment de l'existence de la spontéparité : des rats, des serpents et des taupes pouvaient surgir, selon eux, du sein de la terre ; des grenouilles, des poissons de toutes sortes, de la fange des marécages ; des insectes, de la viande en voie de décomposition. Aristote lui-même, croit que les anguilles naissent du limon de nos fleuves.

Ces idées eurent généralement cours dans la science, jusqu'au XVIe siècle. Sur la foi d'Aristote, le Moyen-âge et la Renaissance acceptèrent, sans contrôle, les théories des anciens sur ce point, mais ensuite, les savants aidés du microscope, se partagèrent en deux camps et purent s'opposer bientôt des noms également célèbres.

Le premier adversaire sérieux que rencontra l'hétérogénie (telle que l'entendaient les anciens), fut Rédi, savant médecin florentin.

En 1638, il vint annoncer devant l'Académie *del Cimento* (de l'expérience), dont il était membre, que « les vers qui naissent dans les chairs y sont produits par les mouches et non par ces chairs elles-mêmes. »

Pour le démontrer, il recouvrit simplement d'une gaze, des viandes en putréfaction, et fit voir qu'il n'y naissait rien tandis que le voile qui les entourait, était couvert des œufs que les insectes, attirés par l'odeur, y venaient déposer.

L'expérience était décisive et bien qu'elle vînt renverser des idées accréditées depuis des siècles, il fallut se rendre à l'évidence. Rédi, que les panspermistes modernes, donnent comme le chef des adversaires de l'hétérogénie, n'en resta cependant pas moins partisan, bien qu'il en ait ainsi réduit considérablement le cercle.

Une découverte aussi importante fut naturellement le point de départ de nouvelles recherches, et l'hypothèse des générations spontanées reçut de graves atteintes.

Ses partisans, eux-mêmes, passèrent pour la plupart au camp opposé ; mais, ils durent bientôt revenir à leur ancienne croyance, et virent même leur liste s'accroître d'une manière notable à mesure que le microscope fit de nouvelles conquêtes.

Nous arrivons à l'époque de Needham et de Buffon dont les remarquables travaux rencontrèrent cependant encore un adversaire sérieux dans l'italien Spallanzani.

En 1745, Needham, membre de la Société royale de Londres, soutint avec un rare talent la cause de la génération spontanée, et affirma que si la putréfaction n'engendre point d'insectes, ainsi que Rédi l'avait démontré, elle donne du moins naissance à des myriades d'animalcules microscopiques.

Quatre années après la publication du livre de Needham, Buffon exposa son système des molécules organiques et, comme son prédécesseur, combattit vaillamment en faveur de l'hétérogénie; « on s'assurera, même, dit-il, que cette manière de génération est non-seulement la plus fréquente et la plus générale, mais la plus ancienne, c'est-à-dire la première et la plus universelle. »

Pendant que l'Angleterre et la France ressuscitaient ainsi la théorie de la spontéparité, l'Italie, par l'organe de Spallanzani, essayait de la faire sombrer de nouveau. Les rôles sont aujourd'hui changés; défendue au delà des Alpes, elle est, par la science officielle du moins, systématiquement combattue en deçà. Mais, n'anticipons pas sur les dates et mentionnons de suite la polémique célèbre qui s'éleva entre Spallanzani et Needham.

Le savant professeur de Pavie, admit donc que l'air transporte partout avec lui les germes des animaux de nos infusions et crut anéantir ainsi les expériences du physicien anglais.

Mais, quatre ans plus tard, en 1769, Needham annotait une nouvelle édition de Spallanzani et répondait à toutes ses objections.

D'ailleurs, quelques-uns des résultats obtenus par l'auteur des *Opuscules physiques*, semblaient favorables à la génération spontanée et ce n'est que, par un artifice, renouvelé de nos jours, qu'il parvint à en tirer des arguments contre elle. Ses infusions, préalablement bouillies en vases clos, se peuplaient-elles d'animalcules, il en inférait que leurs germes avaient pu résister à la température de l'eau bouillante.

Indépendamment du grave reproche que l'on est en droit d'adresser à Spallanzani de n'avoir point fait connaître les espèces d'infusoires qu'il a observées, nous signalerons l'objection judicieuse que Needham lui fit d'arrêter souvent la production spontanée d'organismes par la manière dont il torturait ses infusions et altérait l'air de ses vases. Nous appelons d'autant plus l'attention sur cette cause d'erreur, que de nos jours encore on n'en a peut-être pas tenu assez compte.

Pendant que l'abbé Spallanzani, d'un côté, réfutait Needham, il entretenait de l'autre une correspondance intime avec le Genevois Ch. Bonnet, défenseur aussi ardent que diffus de la célèbre théorie de l'emboîtement des germes.

Pour Bonnet, la matière organique et inanimée est saturée de germes prêts à éclore, ils tombent également de l'air dans les infusions et ont souvent la propriété de résister aux températures les plus élevées. Ses assertions, sur ce dernier point, cadraient parfaitement avec celles de son ami, renchérissaient même sur elles ; nous les verrons se reproduire de nos jours avec plus de hardiesse encore et malgré les faits les mieux démontrés de la physiologie.

Les recherches d'O. F. Muller et de Gleichen vinrent alors successivement apporter de nouveaux faits en faveur de l'hétérogénie. Mais abrégeons, et passons de suite aux travaux de notre siècle.

La découverte du microscope achromatique fit entrer la question qui nous occupe dans une nouvelle voie plus brillante, plus philosophique.

Tréviranus découvre que les espèces d'animalcules varient avec les plantes des infusions, et apporte ainsi aux hétérogénistes un de leurs principaux arguments.

Cinq ans plus tard (1809) apparaît l'un des plus beaux livres du xix° siècle, la *Philosophie zoologique*, où Lamarck se déclare l'un des plus fervents adeptes de la cause que nous soutenons aujourd'hui. « Les corps, dit-il, sont sans cesse assujettis à des mutations d'état, de combinaison et de nature, au milieu desquelles les uns passent continuellement de l'état de corps inerte ou passif à celui qui permet en eux la vie, tandis que les autres repassent de l'état vivant à celui de corps brut et sans vie. Ces passages de la vie à la mort et de la mort à la vie, font évidemment partie du cercle immense de toutes les sortes de changements auxquels, pendant le cours des temps, tous les corps physiques sont soumis. » Et il complète sa pensée de la manière suivante : « La nature, à l'aide de la chaleur, de la lumière, de l'électricité et de l'humidité, forme des générations spontanées ou directes à l'extrémité de chaque règne des corps vivants, où se trouvent les plus simples de ces corps. » Cabanis, dans ses *Rapports du physique et du moral de l'homme*, professe également que la matière inanimée est capable, dans certaines circonstances, de s'organiser, de vivre et de sentir, et Oken, dans sa *Philosophie de la nature*, que « le corps animal n'est qu'un édifice de monades, et que « la putréfaction n'est autre chose que la désagrégation des monades, le retour à l'état premier du règne animal. »

Bory St-Vincent, Bremser, Tiedemann, J. Muller, Dumas et Dujardin, entre autres, figurent également sur la liste des spontéparistes de cette époque, que viennent compléter Burdack, dont le *Traité de physiologie* contient l'exposé le plus étendu qui ait jamais paru sur cette matière, et Pineau, qui suit pas à pas le développement spontané de plusieurs microzoaires, et met ainsi la question sur le terrain que, plus tard, M. Pouchet exploitera avec tant de succès.

Mais la première moitié du XIXe siècle compta aussi des panspermistes dans P. Gervais, Schwann, Schultze et Ehrenberg.

C'est principalement dans son remarquable *Mémoire sur le développement et la durée de la vie des infusoires*, qu'Ehrenberg émit ses principaux arguments contre la spontéparité. Il prétend avoir constaté que la reproduction de ces animalcules se fait normalement à l'aide d'œufs. L'observation ultérieure démontra qu'il s'était trop avancé et qu'un fait vrai, pour quelques microzoaires élevés, était faux pour beaucoup d'autres. Dans tous les cas, de ce qu'un animal possède des organes génitaux et, à un moment donné, peut se reproduire par la génération sexuelle, il ne s'en suit nullement qu'il ne puisse, dans certaines conditions apparaître spontanément.

Jusque-là, plusieurs travaux importants avaient

bien réduit, il est vrai, le cercle de la genèse spontanée, mais personne n'était parvenu à la faire
sombrer complètement, lorsque deux expérimentateurs, Schultze et Schwann, pensèrent avoir
atteint ce but. Leurs résultats devinrent le point
de ralliement des panspermistes. Schultze préten-
dait qu'une liqueur fermentescible portée à la température de 100° ne produisait aucun organisme
quand l'air ne rentrait dans le ballon qu'après
avoir traversé de l'acide sulfurique et s'être ainsi
purgé des germes qu'il pouvait contenir. Schwann,
de son côté, obtenait les mêmes résultats en ne
faisant arriver dans ses matras que de l'air préalablement calciné.

Pour être scientifique, un fait doit fatalement se
reproduire toutes les fois que des conditions identiques se présentent ; or, il suffit, nous le verrons,
de répéter les expériences des deux savants alle-
mands pour obtenir des résultats opposés aux
leurs.

Quoiqu'il en soit, les adversaires de la sponté-
néité crurent avoir vaincu ; leurs arguments se
multiplièrent. Lieberkuln, dans son mémoire présenté en 1858 à l'Académie des sciences et qui obtint le grand prix des sciences physiques, fit connaître chez les Paramécies des organes remplis
de spermatozoaires et annonça de nouveaux faits
de scissiparité et de gemmiparité. A la même épo-

que, M. Balbiani dans une Note sur l'existence d'une génération sexuelle chez les infusoires, décrivit chez la Paramécie verte des organes sexuels mâles et femelles et un accouplement qui se prolongerait pendant cinq à six jours. Les travaux de ces deux savants auxquels nous devons joindre ceux de MM. Claparède et Lachmann et au mérite desquels nous rendons pleinement justice, ne prouvent cependant rien contre l'apparition spontanée primitive des animaux eux-mêmes qui ont servi à leurs expériences.

La science en était là, lorsqu'au mois de décembre de la même année, M. F.-A. Pouchet reprit la cause de l'hétérogénie en la faisant entrer dans une voie nouvelle. M. Pouchet avait démontré en 1847, dans son beau travail sur la *Théorie positive de l'ovulation spontanée,* que la scissiparité est infiniment moins fréquente qu'on ne le prétend ; il avait formulé les lois de l'ovulation et reconnu l'origine spontanée de l'œuf des mammifères ; il annonça en 1859, que la génération primordiale comme la génération sexuelle, a lieu à l'aide d'œufs, avec cette seule différence que dans la seconde ils sont sécrétés par l'ovaire et que dans la première, ils sont le produit d'une pseudo-membrane formée à la surface des infusions.

Le 20 décembre 1858, l'Académie des sciences recevait le premier travail de M. Pouchet sur l'hétérogénie, annonçant la production d'organismes dans un milieu privé d'air atmosphérique et composé de fragments de foin chauffés à l'étuve et de gaz oxigène ou d'air artificiel. MM. Milne-Edwards, Payen, de Quatrefages, Claude Bernard et Dumas, dociles aux opinions reçues, se soulevèrent immédiatement contre les assertions de leur confrère, mais au lieu de tirer leurs objections de ses expériences mêmes, ils ne lui répondirent, pour la plupart, que par des arguments indirects. Cependant M. Lacaze-Duthiers vint aussitôt « réclamer une part dans la protestation énergique » de l'académie contre les générations spontanées. N'est-ce pas ici le cas de rappeler ces belles paroles de Lamennais : « Il n'est point d'état plus déraisonnable que de rester immobile dans les mêmes idées, quand elles ne sont pas de celles qui forment en quelque manière le lit sur lequel coule perpétuellement la vérité progressive. Cet état implique ou la persuasion que l'on sait tout, que l'on a tout vu, tout conçu, ou la volonté de ne pas voir plus, de ne pas concevoir mieux. Et lorsqu'en outre on prétend faire de cette vérité quelconque, à laquelle on s'est cramponné en passant, comme à une pointe de rocher pendante sur le fleuve, la station dernière de l'humanité, aucune langue ne fournit un mot pour exprimer un pareil excès d'extravagance. »

Devant cette levée de boucliers, cette bourrasque d'objections, M. Pouchet accepta néanmoins le combat et prit en main la cause proscrite de l'hétérogénie : on s'aperçut alors qu'une question que l'on croyait résolue était encore à résoudre ; les camps opposés recrutèrent de nombreux partisans.

> *Nul ne peut d'hérésie accuser le compas*
> *Ni décréter qu'un corps tournant ne tourne pas.*
>
> (PONSARD).

Aussitôt la lutte engagée, l'Académie des sciences reçut de M. Mantegazza, de Turin, communication des *recherches sur la génération des infusoires* qu'il avait adressées à l'Institut lombard en 1852 et qui concordent parfaitement avec les résultats obtenus par M. Pouchet. Mais en même temps, MM. Van Beneden, Jobard et Gaultier de Claubry vinrent prendre rang parmi les panspermistes soutenant que la résistance vitale des germes est beaucoup plus considérable qu'on ne le suppose, et que les moyens de destruction mis en usage par les hétérogénistes sont insuffisants. De son côté, M. De Quatrefages, soutint avoir rencontré, en grand nombre, dans l'air qu'il a examiné : « de ces petits corps sphériques ou ovoïdes que connaissent bien tous les micrographes et qui font naître involontairement l'idée d'un œuf d'une excessive petitesse. »

Attaquée ainsi de toutes parts, on put croire un instant l'hétérogénie vaincue, ceux qui l'avaient déclarée « indigne d'occuper les esprits sérieux » semblaient presque justifiés lorsque les assertions de M. Gaultier de Claubry tombèrent devant les résultats tout-à-fait contradictoires du docteur F. Lauras, et celles de M. De Quatrefages, devant les nouveaux faits apportés par M. Pouchet.

M. Pouchet, soumettant en effet à l'examen microscopique, les corpuscules en suspension dans l'atmosphère, n'y put reconnaître la présence de ces innombrables germes dont on l'encombrait et apprenait à M. De Quatrefages que ses œufs n'étaient que « des grains de fécule et des granules de silice ... »

Pendant ce temps, la scène changeait à l'Institut et l'Académie des sciences qui, sur la foi de quelques-uns de ses membres, avait renié les immortels travaux des Muller, des Tréviranus, des Burdach, ... et mettait la question de l'hétérogénie au nombre de ces hypothèses gratuites qui ont pu avoir leur temps, mais indignes aujourd'hui d'occuper les esprits sérieux, l'Académie des sciences comprit que le doute était maintenant le plus sage parti. Aussi proposa-t-elle pour 1862, un prix de *deux mille cinq cents francs à celui qui, par des expériences bien faites, jettera un jour nouveau sur la question des générations dites spontanées.* « Les meilleurs esprits et les plus savants hommes de ce temps ont souvent commis cette faute d'oublier que la science du lendemain s'est toujours faite avec les prétendues absurdités de la veille, et qu'il est plus qu'imprudent, à notre époque, de décréter l'impossible de ce qu'on ne connaît pas. *Union médicale.* » Quelle est donc actuellement la situation ? Le doute est formulé, les arguments et les expériences qui faisaient la sécurité des pans- permistes sont officiellement déclarés insuffisants. La première campagne des hétérogénistes est si- gnalée par un succès.

L'action de la température et des autres agents physiques sur la résistance vitale des organismes inférieurs, devait naturellement être invoquée. Cette grande question caractérise en effet la se- conde phase du débat actuel. C'est contre la revi- vification ou résurrection des animalcules dessé- chés que les spontéparistes vont avoir à com- battre. Nous n'insisterons pas sur la polémique qui s'engagea alors entre M. Doyère d'un côté ; et de l'autre MM. Pouchet, Tinel et l'auteur de ce travail ; il en sera question dans le chapitre con- sacré à la résistance vitale où nous aurons à si- gnaler également les travaux de MM. Davaine, Gavarret et Broca sur le même sujet. Disons seu- lement que nous croyons avoir démontré que les animaux qui ont servi à nos expériences ne résis-

tent point à une température sèche de 100 degrés
et que les concessions que nos antagonistes ont
été successivement obligés de nous faire, prouvent
peu en faveur de leur cause.

Mais il fallait à tout prix sauver l'ovarisme du
naufrage et l'hypothèse de l'incombustibilité des
germes était bien séduisante ; c'est pourquoi nous
verrons bientôt M. Pasteur, abandonnant les notions les plus élémentaires de la physiologie, soutenir contre M. Claude Bernard, entre autres, que,
rebelles à l'action de l'eau bouillante elle-même,
les œufs de certains infusoires peuvent braver une
température humide de cent degrés. Il fut plus
tard suivi dans cette voie par M. Gaston d'Auvray qui, au commencement de 1864, proclama l'incombustibilité absolue des œufs et des spores des
proto-organismes. Inutile de dire qu'il resta seul à
soutenir une opinion qu'il semble lui-même par
son silence, avoir déjà abandonnée. Ce n'est point
ici le lieu de rappeler les expériences nombreuses
au moyen desquelles les hétérogénistes renver-
sèrent de semblables prétentions, nous aurons
plus d'une fois l'occasion de revenir sur ce point
important de la question.

L'apparition en octobre 1859 de l'HÉTÉROGÉNIE
ou *traité de la génération spontanée* du physiologiste rouennais, est le point de départ d'une nouvelle phase, dans laquelle combattirent principa-

lement, en France, MM. Pouchet, Joly et Musset, d'un côté ; M. Pasteur de l'autre. Mais un fait bien digne de remarque et que la suite ne fera que confirmer, c'est la stabilité des convictions des hétérogénistes, et la mutabilité des assertions de leurs contradicteurs. A mesure que les premiers se succèdent, ils confirment les expériences de leurs prédécesseurs, avant d'apporter les faits qui leur sont propres ; les panspermistes, au contraire, loin de s'entendre, se contredisent les uns les autres, voltigent d'hypothèse en hypothèse, suivant le besoin du moment, et tombent successivement sous les coups de leurs adversaires pour disparaître de l'arène. Les hétérogénistes, au contraire, sont sans cesse prêts à la lutte, et ceux qui combattaient hier pour elle, sont encore ceux qui la défendent aujourd'hui. Les panspermistes ne reconnaissent comme vrais que les faits qui sont d'accord avec leurs idées, et partant, comme non avenus, ceux qui les contrarient. Nous en savons même un qui, après avoir cité tout de travers un adversaire, lui reproche ensuite les erreurs qu'il lui prête. Sans affronter la lutte, on n'obtient pourtant qu'une victoire factice.

Dans son ouvrage, M. Pouchet, après avoir étudié les conditions préliminaires de la spontéparité, discute l'hypothèse de la dissémination des germes organiques, et fait assister le lecteur aux diverses périodes du développement spontané des microzoaires. Il joint enfin aux preuves géologiques de la Genèse spontanée celles que fournit le règne végétal, et se trouve en mesure de formuler les lois de l'hétérogénie. Ses nombreuses publications ultérieures ne firent, en apportant des faits nouveaux, que confirmer ses premières assertions.

La démonstration du problème des générations spontanées faisait ainsi de notables progrès, les réfutations devenaient chaque jour plus embarrassantes et l'ovarisme allait inévitablement sombrer, lorsque, le 6 février 1860, M. Pasteur releva le gant que M. Pouchet venait de jeter aux successeurs de Spallanzani.

Une lutte de quatre années s'engagea, et, bien qu'elle dût se terminer encore à l'avantage des hétérogénistes, nous devons ici rendre hommage à l'habileté avec laquelle le savant chimiste sut, pendant quelque temps, défendre une cause désespérée et en ajourner la solution.

Après avoir procédé à l'examen microscopique de la poussière flottante, et constaté la réalité de plusieurs des assertions de M. Pouchet, il reconnut cependant dans l'air la présence de corpuscules organisés, bien qu'en trop petit nombre pour justifier l'assertion qu'un volume très restreint d'air soit capable de faire naître, dans une infusion, toutes les espèces d'infusoires et toutes les cryptogames propres à cette infusion. Mais il prétend que cette opinion est fort exagérée, et que l'on peut toujours mettre en contact avec une infusion qui a été portée à l'ébullition, un volume d'air considérable, sans qu'il s'y développe la moindre production organisée.

Il est fort à regretter que M. Pasteur, qui, par sa découverte de corpuscules organisés dans l'atmosphère, était en possession d'un argument sérieux contre ses adversaires, ait refusé dans la suite d'en justifier la véracité devant eux, lorsqu'il s'est trouvé à même de le faire. Quant à sa seconde assertion, elle est également contredite par les faits.

Vers la même époque, M. Joly, professeur à la Faculté des sciences de Toulouse, se livrait, de concert avec M. Musset, à l'étude microscopique de l'air. Ces deux savants constatèrent, dans plusieurs Mémoires successifs, la pauvreté de l'atmosphère en fait de germes vivants, et arrivèrent ainsi aux mêmes conclusions que M. Pouchet.

Il en fut de même de tous ceux qui, dans la suite, s'occupèrent de micrographie aérienne, qu'ils s'appellent Béchi, Wymann ou Schaaffhausen.

M. Pasteur n'en persévéra pas moins dans ses recherches, et, réunissant en un volume ses premières communications, il publia, en 1861, son *Mémoire sur les corpuscules organisés qui existent dans l'atmosphère*,

Les hétérogénistes, aussitôt, réfutèrent un à un les différents chapitres de ce travail sur lequel M. Joly lut plus tard à l'Académie des Sciences de Toulouse un *Examen critique* devenu l'une des principales pièces de la discussion.

Voyant s'écrouler par la base leur vieille hypothèse de la dissémination universelle, les panspermistes avaient songé à la remplacer par une autre non moins ingénieuse, mais non moins gratuite. Je veux parler de la panspermie limitée de M. Pasteur. L'atmosphère n'est plus de toutes parts encombré de germes, mais ceux-ci n'en existent pas moins, et, resserrés dans d'étroites limites, ils le parcourent sous forme de veines ou de nuages.

Que deviennent alors toutes les expériences antérieures lancées contre les générations spontanées ? M. Pasteur, dans cette concession *in extremis*, ne s'est point aperçu qu'il réduisait à néant tout le bagage expérimental de son école ; mais nous le verrons, ce n'est point la seule fois qu'une assertion du savant adversaire de l'hétérogénie détruit radicalement celle de la veille et est détruite elle-même par celle du lendemain. Toujours changer, dit au reste spirituellement Victor Meunier, est une sorte de constance.

Ainsi donc, la *Panspermie universelle*, ce beau rêve de Bonnet et de Spallanzani, ce point de ralliement des adversaires de l'hétérogénie, est déclarée fausse par M. Pasteur, et mise au nombre des erreurs de la veille. Qu'en pensent MM. Milne Edwards, Payen, Dumas, de Quatrefages, Lacaze Duthiers, etc. ? Je ne sais, mais ils ont couronné M. Pasteur. Reconnaissent-ils l'exactitude de sa *théorie ?* Je ne sais encore, car ils se sont donné garde de le déclarer clairement.

Le 3 octobre 1860, M. Pasteur reconnut, avec les hétérogénistes, que « si la plus minime portion d'air ordinaire développe des organismes dans une infusion quelconque, il faut, de toute nécessité, au cas où ces organismes ne sont pas spontanés, que dans cette portion si petite d'air commun, il y ait les germes d'une multitude de productions diverses, et qu'enfin, si les choses sont telles, l'air ordinaire (selon les expressions de M. Pouchet) doit être encombré de matière organique ; elle y formerait brouillard. Ce raisonnement, ajoute-t-il, est assurément fort sensé, d'autant plus que *toutes les espèces inférieures qui se montrent distinctes, semblent l'être réellement et provenir, par conséquent, de germes différents.* »

Mais l'habile chimiste, qui sent bien toute la force de l'argument, ajoute : Il n'est pas vrai qu'il y ait continuité de la cause des générations spontanées dans l'atmosphère terrestre.

Les hétérogénistes nient formellement l'assertion de leur adversaire ; *partout* et *toujours* leurs ballons sont féconds et ce n'est qu'en paralysant les conditions fondamentales de la genèse spontanée qu'ils obtiennent à leur gré les résultats de M. Pasteur.

Mais l'habileté de cette nouvelle conception de la panspermie, ne saurait être mise en doute : les ballons de l'expérimentateur (faute de se trouver dans les conditions voulues) restent-t-ils stériles ? c'est qu'il a opéré dans une veine stérile ; sont-ils féconds ? c'est que le hasard l'a plongé dans un nuage de germes. C'est, comme eût dit Montesquieu, imaginer très à propos une nouvelle « raison de commodité » et comme ne craint pas de le dire M. Musset trouver un « faux fuyant » une « hypothèse de juste milieu. » Nous ne saurions donc trop applaudir à cette juste appréciation de M. Noël. « Après avoir hautement prétendu que des myriades de germes existaient dans la matière putrescible, dans l'eau et dans l'air, on en fut réduit à n'admettre plus leur présence que dans l'air ; et voilà qu'aujourd'hui l'on s'en tient tristement à ne plus les admettre que dans certaines zônes atmosphériques. Ne serait-il pas temps d'avouer résolument sa défaite et de renoncer à la panspermie et à la quasipanspermie, de même qu'en politique on l'a fait pour la légitimité et la quasi-légitimité ? »

Les brochures s'amoncelaient, les communications de part et d'autre se succédaient à l'Institut, lorsqu'enfin l'époque du concours arriva. Les commissaires nommés étaient MM. Geoffroy saint-Hilaire, Serres, Milne Edwards, Brogniard et Flourens. La majorité s'était à l'avance déclarée panspermiste, MM. Geoffroy St-Hilaire et Serres seuls n'avaient point d'opinion arrêtée ; le premier mourut, le second fut remplacé et MM. Cl. Bernard et Coste vinrent compléter un tribunal dans lequel l'hétérogénie ne comptait plus que des adversaires. « Le siége de l'illustre compagnie était fait » a dit fort bien M. Victor Meunier, quand les spontéparistes se sont présentés devant elle.

Quoiqu'il en soit, les hétérogénistes n'en persistèrent pas moins dans leur résolution ; mais quelques-uns des juges ayant fait connaître leur solution avant examen préalable des pièces du procès, M. Pouchet crut devoir annoncer qu'il se retirait du concours. Sa retraite dut solidairement entraîner celles de MM. Joly et Musset. M. Pasteur resta seul dans l'arène, le prix lui fut décerné le 29 décembre 1862.

« On tresse, dit Edmond About dans ses *Causeries*, des couronnes à M. Pasteur parce qu'il *pense bien;* on donne des étrivières à MM. Pouchet, Musset et Joly, parce qu'ils *pensent* .... »

Pendant que M. Pasteur voyait ses nouvelles re-

cherches sur les ferments et les fermentations con-
tredites par les résultats de M. Lemaire, M. Musset,
dans *ses Nouvelles recherches expérimentales sur l'hétérogénie,* et MM. Joly, Schaaffausen, Pouchet et
Mantegazza, l'attaquaient sur tous les points à la
fois.

L'anniversaire du grand succès de M. Pasteur
à l'Académie approchait, et tandis qu'il y avait fête
chez les panspermistes, leurs adversaires riaient
sous cape et célébraient l'apparition d'un nouveau
volume de M. Pouchet : ses *Nouvelles expériences
sur la génération spontanée et la résistance vitale,*
venaient en effet de paraître.

On vit alors un phénomène assez singulier se
produire, ceux-là même qui regardaient l'hétérogénie comme indigne d'occuper les esprits sérieux et croyaient lui avoir porté le dernier coup,
se liguèrent contre son cadavre. Dans la crainte
que les barrières que lui avait opposées l'Académie
ne l'empêchassent pas de renaître dans le public,
c'est au public lui-même qu'ils vont s'adresser,
c'est aux leçons gratuites qu'ils vont avoir recours. Aussi voyons-nous MM. Milne Edwards,
Claude Bernard à la Faculté des sciences, M. Coste
au Collège de France, M. Pasteur lui-même à la
Sorbonne, professer que la question est absolument jugée, que les récents travaux du lauréat de
l'Académie, l'ont à jamais placée au nombre des

hypothèses surannées. Bien entendu, ils passent sous silence les expériences de leurs adversaires, ou pour en donner une idée exacte, ils réfutent des morts de deux siècles, Van Helmont par exemple.

L'habile chimiste s'inspirant de formes de langage jusqu'ici réservées à d'autres chaires et à d'autres enceintes, étala aux yeux de son public, toute l'impiété qu'il y avait à être hétérogéniste. S'attaquant ensuite corps à corps à Van Helmont qui avait cru voir des souris surgir de la réaction du linge sale sur des grains de blé, il finit par triompher de son adversaire mort, nous venons de le dire, depuis deux cents ans. Il aurait pu choisir également Fray, qui voyait des limaçons et des vers de terre naître spontanément dans ses bocaux ; il eût eu au moins le mérite d'aller chercher moins loin. Puis il affirma que ceux qui aujourd'hui ont encore la faiblesse de croire à l'hétérogénie, opèrent à la Van Helmont ; et il montra comment on devait expérimenter.

M. Pasteur fut, dit-on, fort éloquent, mais, l'éloquence ne suffit pas pour jeter la conviction dans certains esprits et M. Figuier est du nombre. « Je suis entré ici, dit-il en quittant la Sorbonne, sans avoir aucune opinion sur les générations spontanées, je pars convaincu que M. Pasteur est dans le faux, et je l'imprimerai. » M. Figuier a tenu parolc, il l'a immédiatement publié et s'est depuis déclaré en faveur de l'hétérogénie ; nous assisterons à plus d'une conversion de ce genre. A mesure que la science fait de nouvelles conquêtes, la génération spontanée reçoit une nouvelle confirmation et voit augmenter le nombre de ses partisans, tandis que la panspermie voit diminuer le nombre des siens et n'en recrute pas de nouveaux.

Pendant ce temps, le volume de M. Pouchet faisait son chemin, on entendait même parler d'une conférence publique dans laquelle le savant physiologiste rouennais prenant l'une après l'autre les expériences de son antagoniste, les avait réfutées toutes, avec un égal succès.

L'Académie elle-même s'en émut, et crut devoir consentir au mois de janvier 1864, sur la proposition de MM. Pouchet, Joly et Musset, acceptée par M. Pasteur, à assister à une nouvelle lutte entre les deux partis.

A cet effet, elle nomma une commission composée de MM. Dumas, Milne Edwards, Brongniart, Balard et Flourens, chargée de faire répéter devant elle, au mois de Juin suivant, « les expériences dont les résultats sont invoqués comme *favorables ou contraires* à la doctrine des générations spontanées. »

A l'époque fixée, MM. Pouchet, Joly et Musset

se rendirent au Muséum d'Histoire Naturelle, dans le laboratoire de M. Chevreul où les expériences devaient être faites.

Ils y trouvèrent réunis les membres de la Commission et M. Pasteur se mit aussitôt à l'œuvre.

Il s'agissait de démontrer expérimentalement la réalité de la *semi-panspermie*, de la *panspermie localisée.*

Pour cela il prit un liquide préparé d'avance et composé de 50 grammes de levûre de bière par litre d'eau, filtra, remplit à moitié de cette liqueur plusieurs ballons à col effilé, fit bouillir et ferma à la lampe pour opérer ensuite des prises d'air en différents lieux.

Qu'au bout d'un certain temps quelques-uns seulement des ballons se peuplent de moisissures tandis que d'autres restent improductifs, M. Pasteur en conclura que les premiers ont été préparés au milieu d'un nuage de germes et les seconds, au contraire, dans une zône atmosphérique stérile.

Mais, M. Joly fit voir que le liquide employé par M. Pasteur était loin d'être uniforme dans toute la hauteur du vase où il était préparé depuis plusieurs heures et que ses ballons n'étaient par conséquent pas comparables entre eux. M. Musset de son côté, mit le fait encore plus en évidence, en montrant que le savant chimiste faisait bouillir inégalement ses ballons, ce qui rendait son expérience complètement illusoire.

Ces objections étaient si sérieuses que M. Flourens, lui-même, devenu tout pensif : « c'est ce qui a été dit jusqu'ici de plus fort, observa-t-il, contre les expérience de M. Pasteur. » Mais, continuons.

L'expérience de M. Pasteur ainsi mise en train : « Voici, dit-il, des ballons que j'ai préparés il y a quatre ans et dont le contenu reste inaltéré depuis cette époque. Je les ai rapportés du Montanvert. On va procéder ... » — Combien donc, répliqua M. Joly, en aviez-vous emporté au Montanvert, que depuis que vous en ouvrez, il vous en reste encore ? — La charge de deux mulets, monsieur !

Or, on analysa l'air de ce ballon, et ce fluide, en contact depuis quatre années avec un liquide putrescible, fut trouvé. . . . . « absolument pur. » Composition : acide carbonique. 0 ; oxygène, 20,5. 20 parties et 5 dixièmes d'oxygène pour cent !!!!

Les hétérogénistes crurent le moment venu de procéder à leurs expériences ; mais il leur fut signifié que la commission pouvait tout réduire aux épreuves qu'elle jugerait convenables, et ne voulait en aucune manière accepter leur programme d'expériences, ni prendre vis à vis d'eux aucun engagement...

MM. Pouchet, Joly et Musset, rappelant alors les termes mêmes des *Comptes-rendus* et ceux de leur lettre de convocation, refusèrent de se renfermer dans un cercle aussi restreint et crurent, par dignité, devoir se retirer.

Quel fut donc le résultat de cette entrevue ? Uniquement de constater *de visu* les causes multiples d'erreur que M. Pasteur introduit dans ses expériences. Car, si les faits observés par M. Pasteur sont, comme le dit le Rapport de la Commission, « de la plus parfaite exactitude ; » il est parfaitement exact aussi, que les conclusions qu'il en tire sont fausses et n'en découlent nullement.

Nous avons passé à dessein sous silence les détails de cette triste affaire. M. Victor Meunier les a fait connaître en 1864, dans l'*Opinion nationale*, et reproduits l'année suivante dans son ouvrage : *la Science et les Savants en 1864*. D'ailleurs, la voix publique a prononcé son jugement, « elle a vu, dit M. Figuier, dans la reculade de la Commission, la crainte d'une défaite. La Commission a évité la lutte parce qu'elle appréhendait la déroute. » Aussi, le Rapport qui suivit est-il fort curieux à méditer. « Il s'éloigne — selon la judicieuse remarque de M. Musset — autant de la vérité que de l'erreur et ressemble à l'un et à l'autre, tout en différant des deux. »

Systématiquement repoussée, l'hétérogénie en appela de l'Académie au public et obtint alors un triomphe éclatant. M. Joly fit en effet, avec l'autorisation de M. le Ministre de l'Instruction publique, Duruy, deux leçons qui provoquèrent, de la part de l'auditoire, les plus entraînantes manifestations. La première eut lieu le 28 juin 1864, dans l'amphithéâtre de la Faculté de médecine de Paris, et l'autre le 1ᵉʳ mars de l'année suivante, dans la salle de la rue Cadet.

Le sentiment qui animait les nombreux auditeurs de M. Joly, est tout entier compris dans ce beau passage d'une lettre qu'Eugène Noël écrivait à cette occasion à l'un des défenseurs de l'hétérogénie. Nous commettons peut-être une indiscrétion en rendant publique une lettre confidentielle, mais l'auteur nous le pardonnera, il est de ceux qui pensent tout haut. « La leçon que M. Joly fera demain sera pour vous tous un triomphe… Il n'y a pas, fût-ce au bout de l'Asie, un esprit sain et droit qui ne doive s'intéresser à votre œuvre autant que vos compatriotes de Rouen et de Toulouse… Il s'agit de la liberté de conscience pour tout le genre humain. Et sur quoi la liberté politique et sociale se peut-elle établir, sinon sur la liberté de conscience ? Ce ne sont pas seulement les hétérogénistes qui ont les yeux sur vous ; ce sont tous ceux qui veulent conserver le droit de penser librement. »

Ces mémorables leçons, dans lesquelles le savant orateur n'a laissé debout aucune des objections ni des critiqnes de M. Pasteur, ont été immédiatement publiées par M. Germer-Baillère. Elles sont aujourd'hui dans toutes les mains.

La génération spontanée venait ainsi, en réalité, de remporter deux victoires : l'une devant l'Académie, l'autre devant le public.

Ainsi se termine, encore par un succès, la troisième phase du débat actuel.

Jusque-là, les expériences *in vitro* avaient presqué seules occupé la scène, toute la partie embryogénique de la question était restée intacte. Au remarquable chapitre de M. Pouchet sur le développement spontané de microzoaires, M. Pasteur n'avait répondu qu'*à priori*, par une accusation gratuite, un mot en l'air. « Œuvre d'une imagination féconde, » avait-il dit, « guidée par des observations erronées. » Je ne sais si ce chimiste appelle cela une réfutation, mais à coup sûr, si les hétérogénistes n'avaient employé contre lui que des armes de cette nature, son système ne se serait pas aussi complètement écroulé.

La Commission académique, nommée pour répéter les expériences des hétérogénistes, ayant, ainsi que nous l'avons dit plus haut, failli à ses obligations, et n'ayant pu s'entendre avec MM. Pouchet, Joly et Musset ; M. E. Fremy mit gracieusement le laboratoire du *Museum* à la disposition de ces savants. Là, les hétérogénistes purent répéter devant témoins leurs principales expériences, qui, toutes, disons-le de suite, ont parfaitement réussi: mais, indépendemment de MM. Frémy, V. Meunier, L. Figuier, M. Coste se trouvait là; il manifesta un vif étonnement à la vue des résultats obtenus et formula le dessein de faire une étude approfondie de la question.

Quelques jours après, les hétérogénistes apprirent, à leur grande surprise, que l'opinion du savant professeur du Collége de France était faite, qu'il était en mesure de la soutenir et venait de résoudre subitement une question à l'étude de laquelle ils avaient consacré plusieurs années.

M. Coste inaugura en effet, le 25 juillet 1864, la quatrième période du débat ou « période embryogénique, » par une communication à l'Académie des sciences, sur le *développement des infusoires ciliés dans une macération de foin.*

Les infusoires, selon lui, apparaissent dans les infusions avant la formation de la membráne proligère, dont ils proviennent, au dire des partisans de la génération spontanée; ce que les hétérogénistes prennent pour des œufs spontanés, sont des animalcules enkystés, apportés par la substance fermentescible, et le peuplement des infusions est dû à une multiplication de ces derniers par scissiparité.

Le travail de M. Coste obtint un grand succès;

on vit rarement l'Académie aussi attentive. C'est
que l'orateur traitait une question d'embryogénie
comparée, et que, sur ce terrain, il est passé
maître.

Certains organes de la presse parisienne se
firent, dès le lendemain, l'écho de ce triomphe. On
entendit *les Mondes* conclure que M. Coste a « enlevé aux générations spontanées un de leurs principaux arguments, que du moins il les a ébranlées
profondément et que bientôt elles seront forcément
acculées dans des retranchements percés à jour de
toutes parts, qu'il faudra nécessairement abandonner. » M. Sanson dans *la Presse*, s'écria de son
côté : « Le fait capital mis en lumière par les expériences contrôlées de M. Coste, c'est celui qui
se rapporte au mode de génération du Colpode
maintenant connu. Cela élimine du débat (ajoute-
t-il) toute la série des infusoires ciliés. » « Ainsi
tombe dit enfin M. Grandeau dans le journal *le
Temps*, le roman ingénieux bâti sur une prétendue
membrane engendrant directement des êtres sans
parents, n'est-ce point le cas de répéter avec
Brid'Oison : *On est toujours le fils de quelqu'un.* »

Si nous rappelons ces jugements, c'est que nous
ne voulons rien enlever au succès de M. Coste;
si, d'un autre côté, nous nous abstenons d'opposer
à ces allégations gratuites les remarquables articles qui parurent au même moment dans la presse

hétérogéniste, c'est qu'il suffit d'un mot pour anéantir les assertions de M. Coste et que M. Pouchet l'a prononcé lui-même, sans que personne l'ait depuis combattu.

Le savant physiologiste rouennais réfuta immédiatement, en effet, toutes les assertions de son contradicteur, en lui apprenant que les infusoires dont il parle, n'ont rien à faire dans les expériences d'hétérogénie ; en énumérant les caractères différentiels de l'œuf spontané et du kyste et en montrant que des microzoaires contractés en boule sur leurs œufs, avaient été pris par lui, pour des kystes de multiplication.

L'hétérogenie sortait encore victorieuse de ce nouvel assaut. Son principal défenseur n'eut pour cela qu'à remettre au jour des faits antérieurement inscrits dans ses œuvres et qui avaient été certainement mis en oubli par son contradicteur.

M. Coste s'engagea à « traiter dans un second travail, des infusions soumises à l'ébullition et des poussières organiques ; » mais, nous sommes encore dans l'attente de ce mémoire. L'auteur tient à ne révéler ses résultats qu'après mûr examen et nous l'en félicitons avec la sincérité que nous mettions à trouver prématurée sa première communication.

Cependant, la question des générations spontanées n'a pas cessé depuis cette époque d'occuper

les savants; et tandis que l'hétérogénie recrute de
nouveaux partisans, les panspermistes voient l'hé-
résie surgir dans leur camp.

Un savant que ses premières recherches avaient
classé parmi les adversaires de la genèse spontanée hétérogénique, M. Donné, après une étude
plus approfondie de la question, et armé de nouvelles expériences vient, avec MM. Meunier, Trécul et Onimus, grossir la liste de ses défenseurs.

M. V. Meunier, dont la critique savante avait
déjà, à elle seule, réduit à néant les prétentions
des panspermistes, vint en 1865 entretenir l'Académie des sciences, des résultats de ses expériences personnelles.

Dans un Mémoire sur la *Résistance vitale des
Colpodes enkystés*, présenté à l'Institut le 4 décembre, il démontra que ces animalcules, loin de résister à l'ébullition, comme on avait pu l'admettre
à priori, étaient complètement détruits longtemps
avant d'avoir atteint cette température.

M. Meunier soumit également au contrôle de
l'expérience, les résultats obtenus par M. Pasteur
à l'aide de ballons à cols tortueux, et il arriva à
une conclusion diamètralement opposée; faisant
ainsi tourner à l'avantage de l'hétérogénie un
mode d'expérimentation qui lui avait, disait-on,
porté un « coup mortel. »

Il adressa à ce sujet, dans le courant de l'année

1865, plusieurs notes à l'Académie, mais M. Pasteur lui répondit le 18 décembre dans un travail ayant pour titre : *Observations verbales relatives à des notes communiquées* à l'Académie par M. V. Meunier, *dans les séances du 28 août, 11 septembre et 11 décembre*, qu'il avait compromis le résultat de ses expériences en adaptant à ses ballons plusieurs tubes sinueux tandis que lui ne s'était servi que d'un seul.

M. Meunier réfuta ces objections le 22 janvier suivant dans une Note qui déchaîna à l'Institut une véritable tempête. Plusieurs fois interrompu, plusieurs fois sur le point de se voir retirer la parole parce qu'il reprochait à son adversaire la forme peu courtoise qu'il avait cru devoir prendre dans sa réponse ; l'auteur, grâce à l'intervention de M. Dumas, put enfin terminer sa lecture.

Dans cette réplique, dont un extrait seulement figure aux *Comptes-Rendus*, mais que la *Presse scientifique des Deux mondes* (16 janvier 1866) a reproduit intégralement, M. Meunier a répondu par des expériences, aux objections *à priori* qui lui avaient été adressées et émit le vœu que la leçon que M. Pasteur venait de recevoir des faits, « l'engage à ne plus se prévaloir de sa position pour refuser à ceux qui servent la science gratuitement, les égards auxquels ils ont droit » *Opinion Nationale*, 13 *février* 1866. Nous reviendrons plus tard sur ces expériences.

Certes l'hétérogénie n'est point en odeur de sainteté à l'Académie des Sciences ; nous voulons dire auprès de quelques représentants de la science orthodoxe, de quelques chefs de parti, car l'unanimité est loin d'être acquise à la panspermie.

La nomination de M. Trécul à l'Institut, en remplacement de M. Montagne, en est une preuve en même temps qu'elle fait le plus grand honneur à l'Académie. M. Trécul que ses travaux sur les vaisseaux laticifères et les phénomènes qui se passent dans les cellules de l'albumen de certains fruits ont fait prendre rang parmi les botanistes les plus distingués de notre époque, est hétérogéniste.

Il communiqua en 1865 à l'Académie, plusieurs Mémoires dans lesquels il déclara avoir vu, à l'aide du microscope, la substance organique renfermée dans certains organes végétaux se transformer par la putréfaction, pendant leur macération dans l'eau, en spores susceptibles de germer.

Dans les vaisseaux laticifères de plusieurs plantes de la famille des *Apocynées*, par exemple, le suc propre est peu à peu remplacé par un liquide limpide contenant en suspension une très grande quantité de granules parmi lesquels s'en trouvent d'elliptiques qui bientôt germent et poussent une petite tigelle à l'une de leurs extrémités. « Si maintenant, dit l'auteur, on se demande quelle est l'origine de ces petits végétaux, on ne reconnaît que deux réponses possibles : ou ils sont nés de germes venus de l'extérieur, ou ils proviennent d'une modification des éléments du latex. S'ils ont pour origine des germes préexistants, comment ces germes se sont-ils introduits par milliards dans toute la longueur des vaisseaux pleins d'un suc dense, assez consistant pour ne pouvoir plus couler, de manière à se substituer complètement au suc lui-même ? Comment concevoir que de tout petits îlots de latex soient restés intacts de distance en distance, et aient pu résister à cette invasion ? N'est-ce pas au moins aussi vraisemblable que ces organismes soient nés d'une transformation du latex ; quand d'ailleurs ce suc recèle des éléments (amylacés ou cellulosiques) favorables à la production de ces plantes ? »

D'autres végétaux ont fourni à M. Trécul l'occasion de contrôler ses premières expériences. Les cellules parfaitement closes de la moëlle du *Ficus carica* ou celles de l'écorce de l'*Euphorbia characias* par exemple, sont remplies d'amidon qui, pendant la putréfaction, se change en spores qui germent, se ramifient, se creusent de vacuoles et dont les branches se développent entre les cellules de la moëlle ou de l'écorce.

Pourquoi un Mémoire aussi important ne figuret-il pas aux *Comptes-rendus* de l'Académie ? Le Rap porteur de la commission chargée de juger les travaux de M. Trécul, ne juge même pas à propos de l'analyser, il regarde ces observations comme encore « trop obscures » pour s'y arrêter.

Le travail de M. Trécul attend encore une réfutation sérieuse; M. Pasteur, n'y a pas répondu à moins qu'on ne considère comme une réponse indirecte cette réflexion du rapporteur de la commission dont M. Pasteur faisait partie : «Des recherches ultérieures seraient nécessaires pour bien apprécier l'origine et le mode de formation de ces corps. »

On a l'habitude de s'exprimer tout autrement à l'égard des affirmations du savant inventeur de la panspermie limitée, alors même que rien ne vient les confirmer et si les hétérogénistes ne s'inclinent pas, ils se font un devoir de contrôler eux-mêmes par l'expérience, les résultats de l'expérimentation de leur contradicteur.

M. Nylander, il est vrai, émit quelques doutes sur les faits rapportés par M. Trécul et se montra disposé à confondre ses *amylobacter* avec des *bacteriums*; mais, M. Trécul, armé de nouveaux faits, démontra qu'aucun d'eux ne se rapporte spécifiquement ni génériquement aux bactéries ou aux vibrions et, signalant les inexactitudes contenues dans les Notes de son contradicteur, rendit plus évidentes encore ses premières assertions.

Partant de ces données, M. Trécul définit l'hétérogénie « une opération naturelle par laquelle la vie, sur le point d'abandonner un corps organisé, concentre son action sur quelques unes des particules de ce corps, et en forme des êtres tout différents de celui dont la substance a été empruntée. » Cette formule qui ressort certainement des observations isolées de M. Trécul, ne saurait être admise comme définition de l'hétérogénie. Elle n'est pas assez générale et ne comporte pas les phénomènes de genèse spontanée qui ont donné naissance aux premiers êtres vivants. L'hétérogénie ne nécessite pas en effet, pour se manifester, un corps *organisé* antérieur mais seulement une matière *organique*.

Le 24 août 1863, M. A. Donné avait pris rang parmi les panspermistes ; deux ans après il se rétracta et pria l'Académie de l'inscrire au nombre des hétérogénistes les plus convaincus : « il faut bien se rendre à la vérité, dit-il, quand elle paraît évidente et fondée sur des faits concluants » ; dernièrement enfin, M. le Recteur de l'Académie de Montpellier rétracta sa rétractation, déclarant que « définitivement » il se faisait panspermiste. Ces trois professions de foi correspondent à trois manières différentes de raisonner.

Le « contenu des œufs, disait M. Donné en 1863, réunit les conditions favorables à la genèse spontanée » ; or, des œufs de poule soumis à une température convenable, et abandonnés à la putréfaction, ne produisent rien tant qu'ils ne sont pas ouverts ; donc, la Panspermie est un fait évident.

Le contenu des œufs ne réunit peut-être pas les conditions favorables à la genèse spontanée (1865). « La petite quantité d'air renfermé dans l'œuf, non renouvelée, n'est peut être pas suffisante. » Or, « on produit à volonté des végétations microscopiques dans de la matière organique pure abandonnée à elle même, à l'abri de toute intervention des germes étrangers » ; donc, la Panspermie est une erreur et l'Hétérogénic une vérité démontrée.

De l'eau, de l'air et une matière putrescible, telles sont les conditions de la genèse spontanée (1867) ; or, si on remplace la quantité d'air contenu dans un œuf par une quantité équivalente d'air et d'eau qu'on fait pénétrer, par des moyens appropriés, à travers la coquille, filtre parfait, il ne se développe jamais rien de vivant ; donc, la vérité est décidément du côté des panspermistes.

Comment M. Donné n'a-t-il pas réfléchi que le volume d'air renfermé normalement dans l'œuf et qu'il regarde comme insuffisant pour déterminer les phénomènes d'une genèse spontanée, est encore diminué, dans son expérience, de tout l'espace occupé par l'eau absorbée ? Comment M. Donné, partant de l'hypothèse des germes atmosphériques expérimente-t-il avec des œufs qui peuvent contenir des masses de germes (ils renferment bien parfois des pattes de hanneton) et, prend-il une coquille d'œuf pour un filtre « tellement fin qu'aucun corps étranger ne peut s'introduire », quand Réaumur et M. Pancréri ont démontré que des particules assez grossières, des cryptogames même, la traversent parfaitement ? Comment enfin, M. Donné peut-il croire qu'il conclue dans le même sens que M. Pasteur ? M. Pasteur affirme que le phénomène de la putréfaction est déterminé par des organismes vivants, pendant que M. Donné déclare que « quelque soit le degré de putréfaction, la matière décomposée n'a offert la moindre trace d'êtres organisées »!....

Mais, passons. Nous ne citons, en effet, que pour mémoire, les travaux de M. Donné. Tour à tour combattu par les hétérogénistes et par M. Pasteur, on peut lui reprocher soit de ne pas tenir un compte suffisant des exigences de ses adversaires, soit de poser lui-même des conditions aux phénomènes!

Poursuivons donc notre exposé chronologique des faits, et passons aux derniers travaux que nous ayons à signaler : Les *Expériences comparées sur la Résistance vitale de certains embryons végétaux* du docteur Pouchet et les *Expériences sur la Genèse des leucocytes et sur la génération spontanée* du docteur Onimus.

Le 3 décembre 1866, le savant physiologiste rouennais démontra par l'expérience que le tégument de *certaines* graines pouvait, *dans certains cas*, protéger assez efficacement l'embryon pour permettre à celles-ci de germer après plusieurs heures d'ébullition. Dans ces conditions, l'embryon ainsi protégé est soustrait à l'action de l'humidité et ne subit au sein de l'eau, qu'une température « sèche ».

Ce fait qui ne saurait être généralisé, ne concerne qu'un très petit nombre de plantes et n'est nullement applicable aux spores fragiles des moisissures. Cependant, M. Pasteur, qui applaudit à ces nouvelles expériences, les déclare même *à priori* « très précises et irréprochables, » a essayé d'en tirer parti. Mais M. Pouchet lui a répondu en montrant que si quelques graines, grâce à leur puissante enveloppe, présentaient cette prodigieuse résistance à l'action de l'eau bouillante, il en est d'autres que son simple contact anéantit complétement. « Ces expériences, dit-il, confirment celles que nous avons faites sur les Mucédinées, et dans lesquelles nous avons vu l'eau bouillante désorganiser leurs spores, et par conséquent rendre leur germination absolument impossible. »

Enfin, dans un travail fort important, M. Onimus est venu, dans ces derniers temps, apporter de nouveaux arguments en faveur de la thèse que nous défendons.

Les résultats obtenus par ce savant, démontrent jusqu'à l'évidence la Genèse spontanée d'éléments anatomiques, en dehors de l'économie et au sein d'un liquide organique parfaitement limpide.

En renfermant de la sérosité de vésicatoire dans de petits sacs de baudruche qu'il maintint ensuite sous la peau de lapins ou de pigeons, il put étudier les conditions diverses du phénomène et assister à l'apparition spontanée de « globules blancs du sang » dans ce liquide amorphe.

Cette genèse comble la lacune qui existait jusque là entre la *genèse homogénique* admise par tous les physiologistes et la *genèse hétérogénique* que beaucoup de bons esprits hésitaient encore à professer et, en faveur de laquelle, M. Onimus a également apporté, ainsi que nous le verrons, de précieux arguments et de curieuses expériences.

Enfin, au moment où nous écrivons ces lignes, M. Victor Meunier signale à l'Académie des sciences de Paris, l'apparition d'êtres vivants et en particulier de deux nouvelles espèces végétales dans les conditions mêmes annoncées par M. Pasteur, comme incompatibles avec la manifestation de la vie ; et, de son côté, M. le docteur Ch. Musset, entretient l'Académie des sciences de Toulouse de ses récentes recherches. Il démontre l'hétérogénie par voie directe ; c'est-à-dire, par les phénomènes qui se passent dans l'intérieur des cellules closes, des végétaux en décomposition naturelle : « J'ai vu cent fois, m'écrit-t-il à ce sujet, et fait voir des cellules végétales closes, remplies de bactéries s'agitant avec un élan sans pareil. ».......

Nous nous sommes étendu peut-être un peu longuement sur L'HISTORIQUE de la génération spontanée ; mais, ne pouvant discuter les unes après les autres les œuvres des savants qui ont contribué à élucider le grand problème de l'origine de la vie, nous avons cru devoir, dans un résumé succint, esquisser les différentes phases par lesquelles avait passé la question avant que la lumière se fasse d'une manière définitive.

La polémique récente que souleva la doctrine de l'Hétérogénie, eut un grand retentissement dans la presse, et ce serait faire une omission préjudiciable à ceux qui s'intéressent à cette importante question de physiologie, que de passer sous silence les remarquables articles que depuis 1859 M. V. Meunier a successivement insérés dans l'*Ami des sciences*, l'*Opinion nationale*, le *Courrier des sciences*, la *Science et les savants*, le *Cosmos*;

ainsi que la spirituelle et savante brochure que M. E. Noël publia en 1864 sur la « *Génération spontanée.* »

En résumé, l'Hétérogénie, systématiquement repoussée par quatre ou cinq membres influents de l'Académie des sciences, compte au sein même de l'Institut de nombreux partisans et les hétérogénistes, mis au rang des rêveurs et condamnés sans avoir pu se défendre, en ont appelé devant le public et leur voix a été entendue. Le rêve des Bonnet et des Spallanzani (la dissémination universelle des germes), est relégué aujourd'hui au nombre des hypothèses de la veille par ceux-là même qui le proclamaient une vérité démontrée ; la panspermie limitée, destinée à lui succéder, ne compte qu'un défenseur avoué, et la doctrine des Générations spontanées admise en France, en Italie, en Allemagne, en Angleterre et en Amérique, est défendue et démontrée par les Pouchet, les Joly, les Musset, les Mantégazza, les Ezio Castoldi, les Schaafhausen, les Gilbert, les W. Child, les R. Owen, les Jeffries Wyman, etc. etc., pour ne citer que les vivants et parmi les principaux.

CONDITIONS

DE

LA GENÈSE SPONTANÉE HÉTÉROGÉNIQUE.

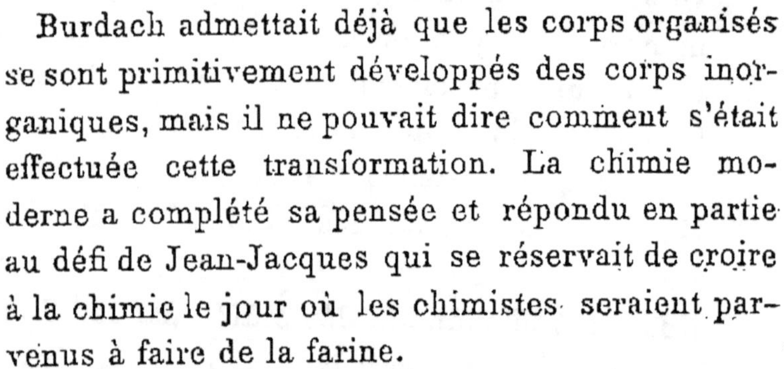

Burdach admettait déjà que les corps organisés se sont primitivement développés des corps inorganiques, mais il ne pouvait dire comment s'était effectuée cette transformation. La chimie moderne a complété sa pensée et répondu en partie au défi de Jean-Jacques qui se réservait de croire à la chimie le jour où les chimistes seraient parvenus à faire de la farine.

Or, la science des Wœhler, des Berthelot, des Smée, en créant artificiellement des substances que l'on ne voyait avant eux se former que sous l'influence de la vie en activité, a mis en lumière le passage de l'état minéral de la matière à l'état organique ; et celle des Burdach, des Pineau, des Pouchet, des Joly, des Musset, des Wyman, des Mantégazza, a pris sur le fait le mystérieux phénomène de l'organisation spontanée de la matière organique.

Quiconque, sans études préalables, entend signaler de semblables résultats, se prend à douter ; mais ceux qui ont étudié les curieux phénomènes de la cristallisation de la matière inorganique, ont souvent proclamé ce phénomène plus incroyable cent fois.

Or, s'il est permis de mettre en parallèle des faits d'ordre aussi divers, nous pouvons affirmer avec M. Schaafhausen qu'on peut voir les infusoires se produire aussi sûrement qu'on voit des cristaux se former dans une solution qui en contient les éléments !

Chacun sait que, toutes les fois qu'une substance organique se trouve unie à l'eau dans des conditions déterminées, elle se putréfie et que le liquide se peuple d'animaux ou de plantes.

Quelles sont les conditions préliminaires de l'apparition de ces proto-organismes ?

Burdach professe que la réunion de trois éléments, un corps putrescible, de l'eau et de l'air est indispensable à la manifestation de l'hétérogénie mais, s'il est vrai que ces conditions se rencontrent toujours simultanées dans la nature, il est parfaitement démontré aujourd'hui qu'il est possible dans nos expériences d'en éliminer au moins une.

Pour M. Pouchet, le corps solide joue le principal rôle, l'eau ne fait que fournir le milieu vital et l'air, le fluide respiratoire. Du trèfle soumis à l'ébullition et du trèfle en macération ont, en effet, donné à Burdach des infusoires différents et M. Pouchet, en variant le corps solide de l'infusion, tout en se servant de la même eau et du même air, voit les infusoires varier avec les substances employées.

Ainsi donc, l'hétérogénie exige un CORPS PUTRESCIBLE et si Gruithuisen a vu naître des proto-organismes dans des infusions d'anthracite et de marbre coquillier, il faut en rapporter la cause à l'origine organique de ces corps. On doit expliquer également par la présence de particules organiques, les résultats positifs obtenus avec le sel marin par Tréviranus et M. Pouchet.

Aucun animalcule n'apparait en effet dans l'eau ne contenant que des substances métalliques, comme le plomb, le cuivre, le fer.

Plus la substance mise en expérience est putrescible, plus vite a lieu l'apparition des infusoires ; ce fait a été mis hors de doute non-seulement par les expériences de Priestley, de Tréviranus, de Burdach, mais par tous ceux qui se sont occupés de génération spontanée. Spallanzani lui-même avait parfaitement reconnu que le gluten produit plus d'animalcules que l'amidon.

Toute cause capable d'entraver le mouvement fermentescible entrave par cela même l'organisation. C'est pour cela qu'une ébullition trop prolongée peut l'arrêter complètement. Il faut quelquefois attendre plusieurs mois avant qu'une décoction, exposée à l'air, se peuple de proto-organismes. Le résultat négatif de certaines expériences à vaisseaux clos et avec des substances bouillies, loin d'être un argument contre la génération spontanée, est une confirmation de ce qui précède. *Plus le corps putrescible a subi l'ébullition, moins il est devenu apte à engendrer des proto-organismes.*

M. Pasteur, lui-même, qui a si souvent, à l'exemple des panspermistes, ses prédécesseurs, méconnu dans ses expériences ce fait primordial, a cependant reconnu que *le point faible* de son MÉMOIRE *consistait en ce que toutes ses expériences s'appliquaient à des matières cuites et non à des substances naturelles, telles que la vie les élabore, et à cet état où l'on sait bien qu'elles ont des vertus de transformation que l'ébullition détruit.*

Bory de Saint-Vincent, Tréviranus et Gérard ont parfaitement reconnu que *les microzoaires variaient avec les infusions :* bien plus, que les mêmes substances donnaient des productions différentes lorsqu'on les mettait dans des conditions diverses. M. Pouchet admet même que

« chaque substance donne non-seulement naissance à des organismes particuliers, mais que ceux qu'elle produit peuvent encore varier infiniment selon les conditions dans lesquelles celle-ci se trouve : la saison, la température, la pression atmosphérique, la nature du liquide, etc., agissent avec plus ou moins d'intensité sur la procréation.»

Non-seulement la nature du corps putrescible, mais les proportions dans lesquelles on l'emploie font varier les productions ; son état de division même possède également une influence énorme sur les résultats. Plus il est divisé, plus promptement et plus énergiquement se manifestent les phénomènes de l'hétérogénie ; il arrive même souvent que des espèces différentes se produisent suivant ces différents cas.

A côté du corps solide, nous devons signaler l'EAU. Burdach dit que l'eau de rosée est celle qui présente la fécondité la plus grande en produits organiques ; puis viennent, selon lui, l'eau de pluie et enfin celle de source. Dans tous les cas, l'ébullition la rend, ainsi que le corps putrescible, moins apte à la genèse spontanée. Mais, un phénomène bien digne de remarque, c'est que plus ce dernier est placé près de la surface du liquide, plus intenses aussi apparaissent les phénomènes. Les espèces peuvent même varier avec la profondeur à laquelle il est placé.

Fray et Burdach, ont annoncé qu'il ne se produit pas d'animalcules distincts lorsque la substance qui macère est surmontée d'une trop haute colonne de liquide, et M. Pouchet a mis ce fait hors de doute par une expérience fort curieuse. Ayant pris deux longues éprouvettes remplies de liquide, il suspendit dans l'une le corps solide près de la surface et le maintint dans l'autre au fond du vase ; la première lui donna une énorme quantité d'infusoires élevés tandis qu'il n'obtint dans la seconde que quelques rares organismes d'un ordre inférieur.

Lorsqu'à l'exemple de Wrisberg, on recouvre ses infusions d'une couche d'huile, on n'y voit rien apparaître ; si quelques gouttelettes seulement surnagent à la surface, on voit des proto-organismes se former dans les intervalles. Cette expérience démontre que le contact de l'AIR est également nécessaire pour que l'hétérogénie puisse se manifester. Gruithuisen reconnut la vérité de cette assertion et Spallanzani démontra que le vide de la machine pneumatique rendait toute production impossible.

L'air vicié par l'acide carbonique et les gaz méphitiques résultant de la fermentation putride, est devenu impropre aux phénomènes de l'hété-rogénie. C'est un fait que M. Pouchet a démontré et que Spallanzani, sans en pénétrer la cause réelle, avait déjà reconnu. On ne saurait trop rappeler celà aux adversaires de la génération spontanée, leurs résultats négatifs n'ont pas souvent d'autre explication.

Mais, l'air ne peut-il pas être remplacé par un autre gaz ? Fray et Burdach croyaient que l'hydrogène et l'azote pouvaient lui être substitués, contrairement à M. Pouchet qui prétend ce fait inexact et ne reconnait qu'à l'*oxygène* seul et à l'*air artificiel* le pouvoir de remplacer l'air atmosphérique.

La présence simultanée de l'eau, de l'air et d'un corps putrescible ne remplit point les conditions exigées par l'hétérogénie ; une certaine *température* est de toute rigueur, la *lumière* et l'*électricité* la favorisent.

L'auteur des *Opuscules physiques*, avait déjà reconnu l'importance de la TEMPÉRATURE dans la production des infusoires et Lamarck donne même à la chaleur le nom de mère de toutes les générations. Les observations postérieures de Gruithuisen, de Gros et de M. Pouchet n'ont fait que confirmer ces assertions. Pour ce dernier, la chaleur est tellement indispensable à la Genèse spontanée qu'au-dessous de 5 degrés centigr, il ne la croit plus possible. Selon lui, « l'action du calorique influe non-seulemeut d'une manière manifeste sur l'abondance avec laquelle apparaissent et se développent les microzoaires, mais il est certain aussi que le degré d'activité qu'il suscite dans les phénomènes de décomposition putride, réagit sur les organismes qui en sont le produit ; il en augmente ou en diminue le perfectionnement, de manière que, sous une température opposée, avec le même corps, on obtient des espèces différentes. Ainsi, si une même substance est mise à macérer à une température de 10 à 12 degrés et à celle de 25 à 28 degrés, souvent, dans les deux cas, elle produira des protozoaires d'une espèce particulière. »

C'est pour avoir méconnu ce fait, en apparence du moins, que la Commission académique devant laquelle M. Pasteur et ses adversaires devaient répéter leurs expériences contradictoires, en avait primitivement fixé l'époque dans la première quinzaine de mars. Les hétérogénistes ayant protesté et déclaré que ce serait compromettre gravement leurs résultats, l'époque fût, il est vrai, ajournée au mois de juin suivant, mais..... on sait le reste !...

Si une certaine température est nécessaire à la formation des protozoaires, ils ne s'engendrent plus au-dessus d'une certaine limite. Toutefois, Spallanzani reconnut dès 1787 qu'une fois formés, les organismes inférieurs peuvent facilement supporter des températures extrêmes ; c'est ce que nous avons reconnu nous-mêmes ainsi que MM. Pouchet et Tinel sans toutefois nous laisser entraîner aux exagérations des successeurs du savant de Pavie.

Il n'est pas inutile d'ajouter ici qu'une chaleur humide, est beaucoup plus favorable qu'un temps sec à la production des microzoaires.

La LUMIÈRE semble favoriser également la genèse spontanée. Suivant Morren, elle lui est même indispensable et plus elle est vive, plus aussi elle est active au dire de Burdach. M. Pouchet, au contraire, préfère une lumière diffuse et admet qu'avec les mêmes conditions de chaleur, cet acte se produit également dans l'obscurité absolue. Dans tous les cas, ainsi que l'a parfaitement reconnu le physiologiste rouennais, la couleur des rayons lumineux influe sur l'abondance, le développement et la nature même des animalcules en voie de formation. « La lumière blanche, dit-il, paraît être la plus favorable au développement des microzoaires ; après elle, vient le rouge, puis le violet, le bleu et enfin le vert. Il est à remarquer, cependant, que cette action des éléments de la lumière est absolument inverse lorsqu'il s'agit des protoorganismes végétaux, ainsi que de la matière verte de Priestlay, qui semble se raprocher de ceux-ci par quelques caractères. Il résulte de nos observations, que le rayon vert est pour eux le plus favorable de tous ; le bleu et le violet viennent après, et ensuite la lumière blanche. Le rouge, au contraire, en entrave le développement, lui qui est si favorable à la production des animalcules. »

L'influence de l'air et de la lumière est tellement capitale que Mantegazza voit se manifester des phénomènes chimiques et biologiques différents suivant qu'il expose les corps à l'air libre ou à l'air limité, à l'obscurité ou à la lumière !

Mais, si ces agents jouent un rôle important dans l'apparition des proto-organismes, l'ÉLECTRICITÉ possède une influence non moins remarquable sur les phénomènes primaires de la vie. Tréviranus vit, sous l'action du galvanisme, des *Bissus* apparaître sur des infusions qui ne produisent ordinairement que des moisissures. M. Pouchet, de son côté, reconnut que sous l'influence de l'électricité et surtout de l'électricité atmosphérique, le développement des animalcules est beaucoup plus rapide. Il rapporte qu'en trois jours seulement et par une température de 25 degrés il obtint des *kolpodes* offrant une dimension qu'ils mettent six jours à acquérir par la même température lorsque l'air n'est pas surchargé d'électricité.

Les agents extérieurs ont une telle influence sur les phénomènes de l'hétérogénie, que l'heure même de la journée peut avoir sur eux une action manifeste. C'est ainsi que le *Cercaria major* naîtrait constamment à dix heures du matin et le *Cercaria éphemera* vers midi suivant les observations de Nitzsch et de M. Boudin.

Mais, ce qu'il y a de plus curieux, c'est que les moindres détails, jusqu'à la forme du vase, influent sur l'apparition des animalcules. *La population zoologique* est, dans les expériences de M. Pouchet, *différente dans les vases de configuration dissemblable*. Nous avons nous-même vérifié plusieurs fois cette assertion.

On a enfin soutenu que les vapeurs mercurielles et l'air qui avait traversé de l'acide sulfurique étaient impropres à la vie des infusoires. C'est une erreur ; les résultats obtenus par Faraday, A. Colson et M. Pouchet le prouvent suffisamment.

Les conditions dans lesquelles se produisent les phénomènes de Genèse spontanée hétérogénique, sont donc multiples et beaucoup échappent encore à notre investigation.

Toutefois, celles qu'il nous faut ordinairement réunir pour les provoquer *dans nos expériences de laboratoire*, peuvent se résumer ainsi : Un corps putrescible, de l'eau, de l'air ou de l'oxygène, une certaine température, de la lumière et de l'électricité. Ajoutons enfin que le développement des infusoires dans nos macérations semble souvent favorisé par l'addition de certaines substances telles que le carbonate et le phosphate de soude ; les phosphates, nitrates et oxalates d'ammoniaque, etc.....

Mantegazza démontre parfaitement dans ses *Notes expérimentales sur les générations spontanées*, que les êtres produits, varient selon que le liquide putrescible est acide ou alcalin. Dans le premier cas, ce sont généralement des végétaux qui apparaissent ; lorsqu'au contraire le milieu est neutre ou alcalin, on détermine la genèse de microzoaires.

Avant de tenter la plus simple expérience relative à l'hétérogénie, il est absolument important d'avoir présentes à l'esprit toutes les conditions favorables ou contraires à ses manifestations. C'est pour n'en avoir pas tenu un compte suffisant et avoir fait, eux-mêmes, des conditions aux phénomènes, que certains observateurs ont compromis le résultat de leurs expériences et la justesse de leurs conclusions.

FORMATION

ET

DÉVELOPPEMENT DE L'ŒUF SPONTANÉ

« C'est un des principes de la science positive, qu'aucune réalité ne peut être établie par le raisonnement. Le monde ne saurait être deviné. Ceci est vrai pour le monde des êtres vivants comme pour celui des êtres inorganiques, pour le monde moral comme pour le monde physique.... La science parviendra-t-elle un jour à une connaissance plus claire des principes généraux qui paraissent régler l'harmonie et la formation des êtres vivants, de façon à s'emparer de leur loi génératrice, comme elle a réussi à s'emparer de la loi génératrice des êtres minéraux ? L'affirmation peut passer à juste titre pour téméraire ; mais peut-être la négation l'est-elle encore davantage, comme exposée à être renversée demain par quelque découverte inattendue. »
Berthelot.

Pensée profonde, bien digne du savant illustre qui l'a courageusemeut formulée. Tout un enseignement y est compris, toute une philosophie.

La loi qui préside à l'organisation est une. Que la matière organique soit contenue dans un corps vivant, qu'elle soit le résultat de la mort ou qu'elle provienne directement de la combinaison d'éléments minéraux, les phénomènes qui déterminent son passage à l'état organisé sont les mêmes. Ce qui se passe dans l'ovaire des animaux pour donner naissance à l'œuf d'où proviendra un animal nouveau, est ce qui se passe dans la membrane qui se forme à la surface des infusions, est également ce qui s'est produit lorsqu'à l'origine la matière inerte a revêtu les caractères de la vie.

Cette transformation est spontanée, indépendante. Le lieu seul diffère. Genèse spontanée *homogénique* d'une part ; Genèse spontanée *hétérogénique* de l'autre !

Vivre, c'est s'organiser et l'organisation est une des propriétés immanentes de la matière. Il lui suffit d'être dans des conditions spéciales pour acquérir le mouvement et la pensée.

Chacun sait que nos tissus sont, en dernière analyse, composés de tous petits corps, visibles seulement au microscope, et que l'on nomme *éléments anatomiques*. Leur forme est très variable, leurs propriétés aussi.

Ces parties élémentaires des corps vivants prennent spontanément naissance au milieu de liquides appelés *blastèmes*, et possèdent la pro-.priété, lorsqu'ils se trouvent placés dans certaines conditions, de reproduire directement des éléments semblables, ou de déterminer autour d'eux la genèse d'autres éléments.

Cette formation d'éléments anatomiques se produit à chaque instant au sein des organes. Ces petits corps ont chacun une existence propre, indépendante : ils naissent, se développent, ont une vieillesse et des maladies, ils meurent enfin et sont immédiatement remplacés par d'autres.

L'apparition de l'œuf dans l'ovaire est aussi toute spontanée et les éléments qui doivent constituer le nouvel être, naissent spontanément aux dépens d'abord du *vitellus* ou jaune et à l'aide ensuite, de matériaux liquides venus du dehors et introduits molécule à molécule par endosmose. L'animal qui sort de son œuf est en effet beaucoup plus gros que l'ovule dont il dérive,

L'œuf qui se produit dans la mère, ne lui appartient donc pas à proprement parler ; il s'est formé indépendamment d'elle. Le petit se sculpte lui-même. Il résulte des réactions d'un fluide sécrété.

Cette genèse spontanée que les physiologistes nomment *homogénique*, parce qu'elle se produit dans un organisme semblable préexistant, n'est plus aujourd'hui l'objet d'un doute pour personne. Elle est partout professée et les beaux travaux de MM. Pouchet sur l'ovulation spontanée des mammifères et Ch. Robin sur les diverses branches de l'anatomie générale n'ont pas peu contribué à ce résultat.

Mais, il n'en est pas de même pour la genèse spontanée *hétérogénique*, c'est-à-dire s'accomplissant hors de l'économie. Beaucoup de bons esprits se refusent à croire qu'un élément anatomique puisse naître d'un mélange quelconque de principes immédiats ; à plus forte raison un individu aussi complet qu'un infusoire.

Nous croyons pourtant qu'ils ont tort et nous allons motiver notre opinion.

Une expérience récente met parfaitement en évidence la genèse spontanée d'éléments anatomiques au sein d'un milieu organique entièrement liquide.

Tout le monde sait que le sang contient en quantité énorme de petits globules microscopiques blancs et rouges qui en sont les éléments constitutifs essentiels. Or, le docteur Onimus introduit sous la peau d'un lapin de petits sacs faits de baudruche préparée et remplis de la sérosité d'un vésicatoire recueillie quand l'ampoule se forme, au moment où le microscope le plus puissant ne révèle jamais aucune trace d'éléments solides et il rencontre au bout de douze heures dans le liquide qui commence à perdre sa limpidité, des granulations et quelques *leucocytes* ou globules blancs du sang. Au bout de vingt-quatre heures, la sérosité beaucoup plus trouble, renferme un grand nombre de ces éléments anatomiques et au bout de trente-six heures elle présente l'apparence laiteuse et en est uniquement composée.

Cette admirable expérience sur les détails de laquelle nous ne devons pas nous étendre ici, mais dont nous ne saurions trop recommander la lecture dans l'œuvre même de l'auteur, (*Expériences sur la genèse des Leucocytes et sur la génération spontanée*), forme le véritable trait d'union entre la genèse spontanée homogénique et la genèse spontanée hétérogénique.

« Dans la genèse (homogénique) des éléments anatomiques, dit le D^r Ch. Robin, rien n'existant que des matériaux liquides, on voit ces matériaux se réunir presque subitement molécule à molécule les uns aux autres en une substance solide ou demi-solide... La genèse des éléments est caractérisée par ce fait que, sans dériver directement d'aucun des éléments qui les entourent, ils apparaissent de toutes pièces par génération nouvelle, à l'aide et aux dépens du blastème formé par ces derniers... Ce sont, comme on voit, des éléments qui n'existaient pas et qui apparaissent: c'est une génération nouvelle qui ne dérive d'aucune autre directement. » Nous avons constaté dans l'expérience de M. Onimus la naissance, dans un blastème amorphe et *extrait des tissus*, d'éléments anatomiques *semblables* à ceux qui se forment normalement dans l'économie. Il ne nous reste plus qu'à démontrer cette même genèse spontanée s'accomplissant également hors de l'économie mais donnant naissance à des corps *dissemblables* à ceux dont ils dérivent.

Si chaque être produit un être distinct selon sa nature, chaque liquide en fermentation donne également naissance à un produit différent, selon sa composition, les conditions diverses dans lesquelles il se trouve; et, quand on a assisté à ce grand acte de l'ovulation spontanée, on est en droit de conclure que la science est en voie de conquérir la loi génératrice des êtres vivants à laquelle faisait allusion, au début de ce chapitre, le savant professeur du collége de France.

Il est facile, à l'aide du microscope, de suivre les différentes phases de la genèse spontanée hétérogénique, d'assister à l'oologie, à l'embryogénie des infusoires. Le phénomène le plus curieux s'offre aux regards de l'observateur. Il soulève alors un coin du voile qui jusqu'ici cachait l'origine de la vie. L'œuf et l'embryon se forment sous ses yeux. Il suit le groupement des granules vitellins et l'apparition des enveloppes de l'ovule dont la transparence lui permet bientôt de reconnaître l'embryon à ses mouvements gyratoires, aux battements de son cœur et ensuite aux mouvements instinctifs, embryonnaires, qui précédent son éclosion. Les œufs ainsi produits, se développent donc sans avoir besoin du *baptême seminal*, selon la spirituelle expression de M. Léon Dufour.

Pineau, Nicolet, MM. Pouchet, Joly, Musset, Wymann, Mantégazza entre autres, ont vu cette genèse spontanée s'opérer sous leurs yeux; nous même, nous l'avons plusieurs fois suivie dans toutes ses phases et nous pouvons, avec M. Schaaffhausen, affirmer qu'on peut voir les infusoires se produire aussi sûrement qu'on voit des cristaux se former dans une solution qui en contient les éléments.

Spectacle imposant, de voir sous ses yeux un animal se former de toutes pièces, de voir ainsi le mouvement et la vie surgir de la matière morte et inanimée!

Passons chaque scène en revue.

Une matière organique, un tissu organisé quelconque, est-il mis au contact de l'eau dans les conditions sus-énoncées, des phénomènes de fermen-

tation ou de putréfaction s'établissent; un dégagement de gaz se produit et, au bout de quélques

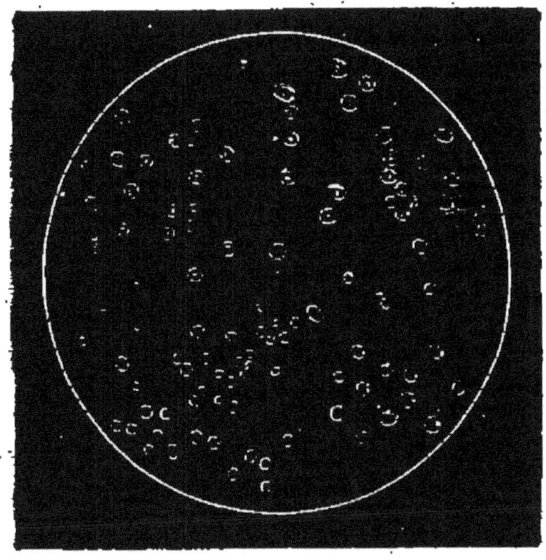

Monades.

heures, un léger nuage blanchâtre qui s'épaissit
bientôt en membrane, apparaît à la surface du

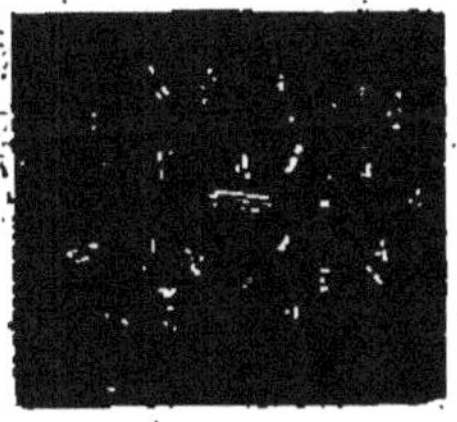

Bacteries.

liquide. Ce nuage n'est qu'un amas d'animalcules
élémentaires ; des bactéries; des monades, des vibrions. Tous infusoires non ciliés.

Les microzoaires sont loin, en effet, de présenter le même degré de complication organique. Des

Vibrions tourboyants.

différences tranchées les séparent. Il y a plus de distance entre un colpode et une bactérie qu'entre l'éléphant et le plus infime des mammifères. Les infusoires *ciliés* occupent le haut de l'échelle, les autres en forment le bas, et les premiers sont pour ainsi dire, aussi éloignés des seconds, que les vertébrés le sont des animaux sans vertèbres.

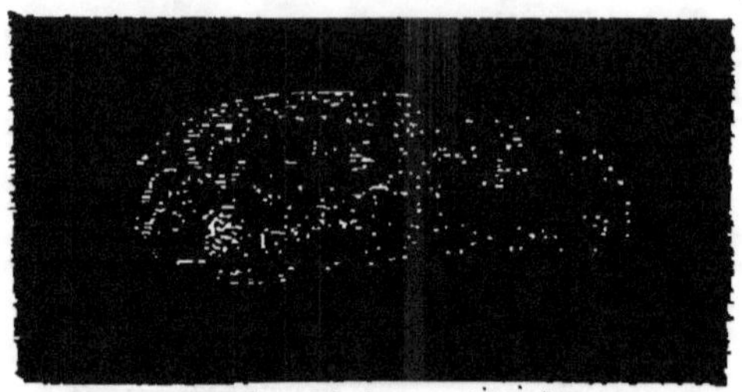

Colpoda cucullus. Müll.

Cette pellicule qui apparait ainsi à la surface des liquides en putréfaction et à laquelle M. Pouchet a donné le nom de *Membrane proligère*, présente des aspects très divers suivant que les conditions de milieu ont fait apparaître des monades,

des bactéries ou des vibrions. C'est ainsi que l'auteur de l'*Hétérogénie* qui l'a étudiée à un grossissement de 400 à 420 diamètres en décrit quatre sortes : la *pellicule proligère granulée*, la *pellicule enchevêtrée*, la *pellicule pseudo-cellulaire* et la *pellicule mixte*.

La membrane proligère *granulée* est entièrement composée de monades, et de bactéries. Le liquide qui primitivement contient la matière organisable à l'état de dissolution et ne décèle rien à l'examen microscopique, présente au bout d'une journée à sa surface, de toutes petites molécules rectilignes ou sphéroïdes qui, d'abord immobiles, s'animent peu à peu et constituent des bactéries ou des monades.

Les bactéries se reconnaissent facilement à leur manière toute spéciale de se grouper ; elles ont d'abord l'apparence de petits bâtonnets rangés côte à côte comme des soldats en bataille et lorsqu'elles s'animent, leurs mouvements sont très rapides et s'opèrent en ligne droite.

M. Pouchet donne le nom de *molécules primaires mobiles* aux granulations qui forment le point de transition de la matière inerte vers la matière animée et dont le mouvement reconnu par O. F. Muller et M. Dumas a été bien à tort rapporté par J. Muller et Dujardin au mouvement brownien, c'est-à-dire aux oscillations que présentent, mais dans une sphère très limitée, les molécules inorganiques.

Ces infimes infusoires ont une existence fort éphémère ; à leur activité prodigieuse succède après quelques heures, une immobilité complète et ils s'agglomèrent à la surface pour constituer la pellicule *granulée*, véritable sable d'une finesse excessive.

Que les conditions dans lesquelles apparaissent les monades et les bactéries soient un peu modifiées ; que la température, par exemple, se soit un tant soit peu élevée, alors le liquide se peuple au bout de vingt-quatre heures de longs *vibrions* qui, après s'être agités pendant une journée ou deux, s'enchevêtrent, offrent au microscope l'aspect d'une toile d'araignée et constituent la membrane proligère dite *enchevêtrée*.

Ces vibrions dont M. Pouchet a donné le premier la description, sont de deux sortes : les uns présentent de quatre à huit granules régulièrement disposés, on les nomme granifères pour rappeler cette disposition ; les autres sont lisses, aplatis et n'apparaissent ordinairement qu'après les premiers.

Mais, il arrive parfois que des infusoires un peu plus élevés en organisation, succèdent à ces vibrions et s'ajoutent en s'immobilisant comme eux, à la pellicule qu'ils forment à la surface du liquide. Ils lui communiquent alors une disposition utriculaire toute spéciale qui lui a valu le nom de *pseudo-cellulaire*.

Enfin, les divers éléments qui forment les membranes précédentes peuvent se trouver réunis, ils constituent alors la *pellicule proligère mixte*.

La formation des bactéries a été décrite avec la plus grande exactitude par le professeur Mantégazza. Il prit un tube de verre à parois très minces, applati et fermé à l'une de ses extrémités ; il y introduisit un peu d'eau, un peu d'air et quelques fragments de tissu cellulaire végétal ; il le ferma alors à la lampe et, le plaçant sous le microscope horizontal de Chevalier, grossissant 400 fois environ, il observa ce qui suit. Au bout de deux heures, il aperçut un amas de fines granulations provenant de la désorganisation du tissu végétal et, peu à peu, il vit se détacher sur les bords irréguliers de cet amas granuleux, de petites excroissances transparentes et immobiles. C'est le *bacterium termo* en voie de formation. Trois ou quatre heures après, les excroissances, devenues libres, entrèrent en mouvement, oscillèrent lentement d'abord et comme si elles s'essayaient à l'existence, puis s'élancèrent avec la rapidité d'un trait au sein du liquide. Leur nombre augmenta insensiblement et devint si énorme, qu'au bout de dix heures, le liquide était devenu trouble. « L'observation dura seize heures, dit Mantégazza, et pendant tout ce temps, je ne me levai pas de mon siége, je ne quittai pas le champ du microscope, regardant tantôt avec un œil, tantôt avec l'autre, puis les fermant tous deux pendant environ une demi-minute, dans le but de les reposer. J'aurais eu, le vif désir de continuer l'observation, mais la nature fut plus forte que ma volonté; mes yeux commencèrent à se remplir de larmes et à ne plus voir distinctement le champ du microscope : je dus me lever, brisé de fatigue, mais enchanté d'avoir surpris la vie à son berceau. »

Hâtons-nous de dire, pour ceux qui voudraient répéter cette curieuse observation, qu'il n'est pas nécessaire de s'y fatiguer ainsi les yeux seize heures durant. Il suffit, ainsi que l'a fait M. Joly, de placer entre deux lames de verre un peu d'eau dans laquelle aura macéré de la viande, en ayant soin, pour empêcher l'écoulement du liquide, de garnir les bords des lamelles avec de la cire. Si la température est suffisamment élevée, on voit apparaître au bout de quelques heures au sein du liquide, d'abord transparent, une quantité prodigieuse de bactéries.

Les animaux sont tous, à l'origine, constitués par un simple amas de granulations. Les plus élevés dans la série zoologique résultent de la concentration des molécules organiques du stroma de l'ovaire ; certains mollusques, les Lymnées, entre autres, proviennent d'un œuf qui n'est d'abord composé, ainsi que l'a démontré M. Pouchet, que d'une agglomération d'animacules élémentaires ; les microzoaires élevés qui naissent spontanément dans les infusions, sont également produits

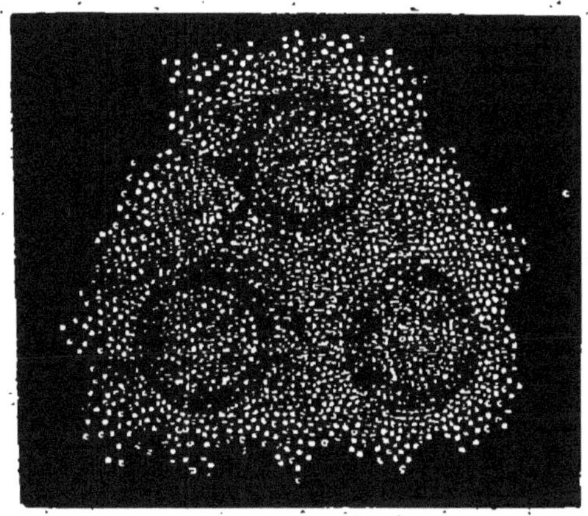

par l'agencement des animacules d'abord animés, puis devenus immobiles, qui composent la membrane proligère.

Ce fait est aujourd'hui de toute évidence et c'est encore à M. Pouchet que nous en devons la démonstration. Il avait déjà signalé, dans son remarquable Mémoire sur le développement du vitellus des lymnées, que les premiers linéaments de l'animalité se recrutent à l'aide des débris d'une génération qui vient d'expirer ; il compléta sa découverte en prouvant que les microzoaires proviennent d'œufs résultant de la concentration des cadavres de la génération éphémère de bactéries, de monades et de vibrions qui composent la membrane proligère. Au bout d'un temps très court, une pellicule régulièrement granulée change d'aspect; de place en place et à distances sensiblement égales, ces granules se concentrent en amas serrés, limités par une zône plus claire, transparente, et qui rappelle la *Zôna pellucida* de l'œuf ovarique des animaux supérieurs.

Ces amas constituent les granules vitellins de l'œuf des microzoaires élevés, comme nous avons vu des agglomérations d'animalcules composer le vitellus de certains mollusques.

Les recherches de MM. Lereboullet, sur les œufs de la Perche fluviatile, et Dufossé sur le Serran, montrent également l'analogie du développement de l'œuf des infusoires avec celui des poissons.

Dans une troisième série de phénomènes, l'ovule spontané se délimite. Les granules, primitivement plus serrés au centre sous forme de noyau, se dissémiuent uniformément ; une membrane enveloppante, d'abord très mince, puis de plus en plus épaisse et quelquefois un peu colorée, succède à la simple zône blanchâtre qui circonscrivait l'œuf. Lorsqu'elle est épaisse et translucide comme chez les vorticelles, par exemple, M. Pouchet lui donne, par analogie, le nom de *zône transparente* ou de *chorion*. L'apparition de ce chorion se fait au bout d'une vingtaine d'heures et parfois moins ; selon la température.

Puis, le développement continuant, l'embryon apparaît peu de temps après cet enkystement de l'ovule. On le reconnaît à ses mouvements gyratoires, aux pulsations de son cœur et à ses mouvements instinctifs.

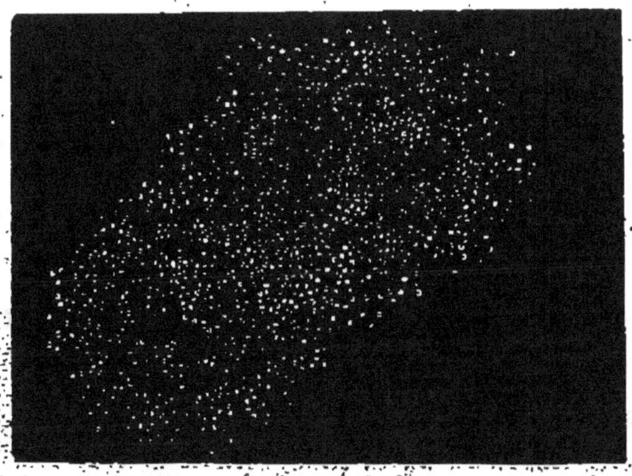

Cette gyration du vitellus, cette apparition du cœur ou *punctum saliens* et des mouvements embryonaires, constituent les phénomènes quaternaires de l'embryogénie des infusoires.

Nous appelons tout particulièrement l'attention du lecteur sur ces mouvements gyratoires du vitellus, qui débutent par de simples oscillations dans la masse des granules pour se traduire ensuite par des mouvements uniformes, réguliers, simulant une sphère qui tournerait lentement sous une membrane transparente. Le plus léger ébranlement, le choc d'un infusoire qui passe, arrête immédiatement cette gyration. Peu de temps après l'apparition de ce phénomène, les granules vitellins présentent un point plus pâle. Le cœur est en train de se former et bientôt l'embryon manifeste les premiers actes vitaux par des mouvements alternatifs de contraction et de dilatation de cet organe.

En même temps, se développent les appareils plus ou moins compliqués, qui doivent composer l'organisme et cet embryon de microzoaire (à l'exemple de celui d'un certain nombre de mollusques, des lymnées entre autres,) s'agite enfin

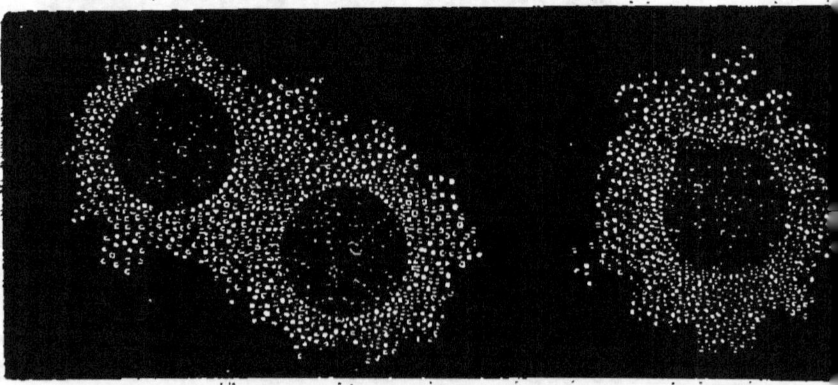

pour rompre la membrane qui l'emprisonne. Mais ces mouvements sont saccadés, irréguliers. Différents des mouvements gyratoires que le plus faible ébranlement arrête, ils sont *instinctifs* et redoublent d'intensité au plus léger choc d'un animalcule qui passe.

Survient enfin l'*éclosion* du microzoaire spontané qui s'agite dans le liquide environnant où, comme lui, des millions d'animalcules respirent, se recherchent ou se combattent, aiment et meurent.

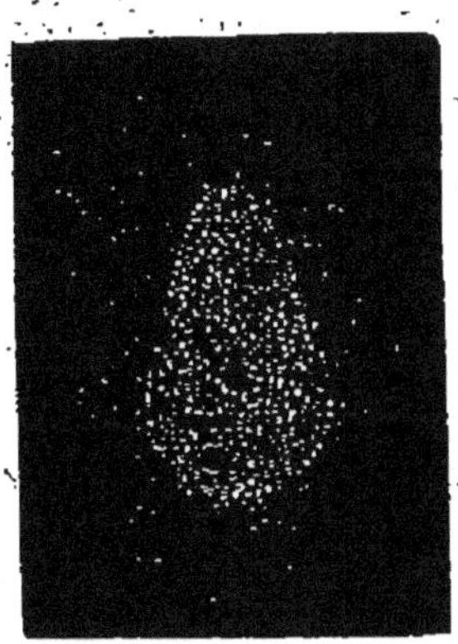

La mort chez les infusoires se produit de plusieurs manières. Tantôt les éléments qui les constituent se désagrègent subitement, entrent en *diffluence;* tantôt, l'animalcule s'immobilise, se contracte peu à peu en boule, son cœur cesse de battre et son enveloppe cutanée finit par se déchirer.

Il importe d'insister sur ce changement de forme, cette contraction en boule de l'infusoire qui va mourir. Sous cet état, l'animal semble *enkysté,* c'est-à-dire recouvert d'une enveloppe adventive; ce n'est qu'une apparence que M. Pouchet désigne sous le nom d'*enkystement morbide.*

Mais il est certain aussi que, sous l'influence d'agents extérieurs incompatibles avec l'exercice régulier de leurs fonctions, la privation d'eau, par exemple, ces animaux peuvent se contracter prématurément, résister ainsi plus ou moins longtemps aux causes de destruction et reprendre peu à peu leur vie active lorsque l'eau leur est rendue.

Nous venons de passer successivement en revue les phases diverses de l'évolution des microzoaires à même une membrane proligère à granulations serrées ; des phénomènes presque identiques se produisent dans une pellicule *moins dense*. M. Pouchet, dans ses *Nouvelles Expériences sur la génération spontanée*, rapporte à ce sujet les observations suivantes :

« Après avoir laissé pendant une heure macérer vingt grammes d'ivraie, *Lolium temulentum*. L., dans 500 grammes d'eau, on filtra le liquide. Le lendemain, par une température de 25°, la surface de la macération était envahie par une immense légion de *Monas termo*, Müll. Le surlendemain, ces animalcules étaient presque tous morts, et leurs cadavres constituaient une pellicule proligère très mince, à granulations très fines et peu serrées. Le troisième jour, commencèrent à apparaître, çà et là, dans cette membrane, quelques ovules spontanés ; et déjà ceux-ci s'y offraient même sous divers degrés de développement. De place en place, la forme plastique, centralisant son action, avait condensé de petits amas de granules d'un jaune verdâtre, qui se distinguaient parfaitement dans la pellicule proligère, et y formaient des groupes de granulations que, pour l'aspect, on pourrait comparer à celui de certaines *Nébuleuses*.

« Quelques-unes de ces espèces de *nébuleuses* n'étaient constituées que par un petit nombre de granulations, et offraient des formes encore indécises. D'autres étaient composées d'un plus considérable amas de granules, et déjà on y distinguait la tendance qu'avait l'œuvre à devenir sphéroïdale. Le centre de celles-ci était occupé par les grains les plus gros et les plus tassés ; vers la circonférence, ceux-ci étaient et plus fins et moins serrés, ce qui y formait une espèce de large zône pellucide. Enfin, de place en place, dans la même pellicule, on voyait des ovules d'un développement encore plus avancé. Les uns étaient presque totalement achevés. Déjà ils étaient tout à fait sphériques, et une zône plus claire et de peu d'épaisseur, qui les circonscrivait, annonçait leur délimitation finale et le lieu qu'allait occuper le chorion. Sur d'autres, celui-ci est tout à fait formé ; l'ovule jouit de sa vie indépendante, et déjà on observe que le vitellus est en gyration. Le quatrième jour, presque tous les œufs sont totalement formés ; ils ont de 0^{mm},0410 à 0^{mm}0420 de diamètre, et on y voit déjà battre le cœur de l'embryon. Enfin, le cinquième jour, il en sort des Paramécies d'une longueur de $0^{mm},0425$ à $0^{mm},05.$»

De nombreux micrographes ont observé, vu et décrit toutes les phases de l'embryogénie des infusoires. Pineau a suivi l'évolution de la Monade lentille et des Oxytriques ; Nicolet celle des Amibes ; Pouchet celle de la Monade lentille, des Colpodes et des Paramécies ; Joly et Musset également ; Wymann, Mantégazza, Schaffhausen, nous-même enfin.

Nous avons avancé, avec M. Pouchet, que la membrane proligère des infusoires était l'analogue des ovaires des animaux, et que les mêmes phénomènes embryogéniques s'y manifestaient ; il suffit pour s'en convaincre de jeter les yeux sur les figures où Nelson, Lacaze Duthiers, Koren, Danielssen, Quatrefages, ont représenté l'ovulation des animaux inférieurs dans le tissu ovarique ; elles pourraient presque servir à nos descriptions.

Les formes organiques qui se succèdent dans une même infusion ou macération sont multiples, mais toujours des infusoires élémentaires précèdent les microzoaires plus compliqués. Ce fait, ainsi que nous l'observait un jour, avec beaucoup de raison, M. J. Michelet, est à enregistrer parmi les arguments principaux en faveur de l'hétérogénie. Ajoutons que la possibilité où est l'observateur d'obtenir, à son gré, tels ou tels infusoires en faisant varier les conditions de l'expérience, nous paraît une preuve non moins certaine.

Gruithuisen rapporte, dans son *Organozoonomie*, que jamais, dans plus de mille cas, les infusoires ne se sont présentés sous des formes identiques dans les infusions de substances diverses ou dans les mêmes matières, lorsqu'on les exposait dans des circonstances différentes. Burdach assure aussi, dans son immortel *Traité de physiologie*, que les microzoaires harmonisent leurs formes avec le milieu dans lequel ils se trouvent placés, et le célèbre ouvrage de M. Pouchet sur l'*Hétérogénie* fourmille de faits semblables. Dujardin lui-même, parlant des paramécies, dans son *Histoire naturelle des Infusoires*, dit que leur forme est tellement altérable et variable, que l'on sera fréquemment disposé à méconnaître ces infusoires, quand les circonstances de leur développement auront été modifiées. Comment, soit dit en passant, concilier ce fait avec la prétendue fixité des espèces, soutenue encore par quelques représentants de la science orthodoxe?

Devant les faits que nous venons de signaler, devant la vérification qu'en ont faite bon nombre d'observateurs et l'opinion de R. Owen qui déclare que M. Pouchet a démontré d'une manière évidente l'embryogénie des microzoaires, il semble qu'il n'y ait plus qu'à s'incliner. Un savant, cependant, a protesté, M. Coste; et nous devons tenir compte de ses objections. « Observations erronées », avait bien, avant lui, dit incidemment M. Pasteur, à la page 105 de son *Mémoire sur les corpuscules organisés qui existent dans l'atmosphère;* mais il s'était contenté de cette affirmation; il n'a jamais dit avoir regardé et n'avoir point vu; nous lui laissons toute la responsabilité d'un jugement lancé aussi légèrement.

Revenons à M. Coste, dont la parole acquiert une grande importance lorsqu'il s'agit d'une question de physiologie : « Les infusoires ciliés, dit-il, apparaissent dans l'eau d'une infusion bien long-temps avant la formation de la pellicule à laquelle on a cru devoir donner le nom de Stroma ou de membrane proligère, en lui attribuant une fonction qu'elle n'a pas. »

Le fait signalé par M. Coste est vrai, et il n'est point d'expérimentateur qui n'en ait été cent fois témoin. Le microscope de M. Pouchet l'a nombre de fois mis à même de constater le phénomène. M. V. Meunier signala également la présence de nombreux kolpodes dans une macération de *lichen d'Australie* qui ne datait que de quelques heures et par conséquent ne présentait aucune trace de membrane proligère : nous-même, nous n'avons pas souvent fait de macération de foin, sans vérifier l'exactitude de ce fait *absolument étranger*, on va le voir, *aux phénomènes d'hétérogénie.*

Les infusoires dont parle M. Coste sont, en effet, introduits avec les herbes employées et reprennent, avec l'humectation, leurs manifestations vitales. Ils précèdent toujours, dans les macérations, les phénomènes de fermentation ou de putréfaction, mais ils meurent aussitôt leur apparition, *pour céder la place aux microzoaires spontanés.*

Ce sont, d'après M. Coste, ces microzoaires enkystés et apportés par la substance fermentescible que les hétérogénistes prennent pour des œufs spontanés.

La discussion se réduit donc au diagnostic différentiel de l'ovule spontané et du Kyste ; qu'on veuille bien ouvrir les yeux et regarder attentivement, il est impossible, en effet, de s'y méprendre et de confondre l'animal qui s'apprête à l'existence avec celui qui s'éteint et s'anéantit.

Le premier a, nous l'avons vu, une teinte pâle, transparente ; une enveloppe fine à peine visible, régulièrement sphérique ; il présente une gyration régulière et de longue durée parfois avant l'apparition du *punctum saliens*, autrement dit du cœur, et jusqu'à cette apparition seulement ; il manifeste ensuite des mouvements instinctifs particuliers ; enfin, il est dépourvu de cils locomoteurs.

Le microzoaire enkysté, au contraire, présente des mouvements désordonnés, mais de quelques instants de durée seulement, et produits par des cils ; son cœur va cesser d'agir et ses derniers battements accompagnent les dernières contractions de l'animal ; sa peau lui forme une coque épaisse, à contour irrégulier et munie de cils ; le kyste, enfin, présente une teinte plus foncée, beaucoup moins homogène, beaucoup moins transparente.

Que de différences ! La confusion est cependant assez facile, au premier abord, pour que M. Coste lui-même ait pu avancer un instant que les caractères de l'œuf spontané s'appliquent au kyste ; mais un peu d'habitude suffit pour éclaircir tous les doutes. Quand on a étudié simultanément un œuf et un kyste, on ne les confond plus ; on discerne parfaitement à l'intérieur de ce dernier les organes contractés, on compte et mesure les poches stomacales qui ne rappellent en aucune façon les fines granulations de l'œuf spontané.

Si comme le croit M. Coste, c'étaient les Kystes déposés à la surface des plantes que l'on fait macérer qui seuls se développaient en microzoaires ciliés, dans les expériences d'hétérogénie, d'où proviendraient les infusoires que l'on obtient avec des macérations ou des décoctions de cerveau, de crustacés ou de ténias ? Nous avons vu en 1864 au Muséum de Rouen une macération de ténia du chien qui avait séjourné plus d'une année dans l'alcool et qui fournit une quantité prodigieuse de colpodes ; M. Pouchet a signalé dans un de ses mémoires cette curieuse particularité qui à elle seule infirme l'assertion du savant professeur du Collége de France.

Il est très vrai que dans les macérations faites à froid, le foin y apporte avec lui les organismes qui s'y sont développés pendant sa végétation. Les phénomènes de genèse spontanée se produisent en effet, ailleurs que dans nos laboratoires, et la prairie notamment, où se trouvent réunis des corps putrescibles, de l'eau, de l'air et de la chaleur, est un immense champ de macération où pullulent les infusoires. Mais, nous le répétons, il ne faut point confondre ces derniers avec ceux qui se forment spontanément dans nos appareils, dont nous venons de décrire toutes les phases de développement et qui d'ailleurs, apparaissent à volonté dans l'air confiné, mis au contact d'un corps putrescible préalablement bouilli. L'observation de M. Coste est donc exacte, mais sa conclusion, fausse.

Les microzoaires *enkystés* ont joué un trop grand rôle dans les dernières discussions relatives à l'hétérogénie, pour que leur histoire ne nous arrête pas un instant.

O.-F. Müller, Luigi, Guanzati, et après eux MM. Claparède et Lackman observèrent que, *sous l'influence d'agents extérieurs* qui ont rendu difficile la libre manifestation de leurs phénomènes vitaux, la privation d'eau par exemple, les infusoires se contractaient en boule, s'enkystaient, et paraissaient, sous ce nouvel état, pouvoir résister aux causes de destruction et attendre que des conditions meilleures leur soient rendues.

Une autre cause d'enkystement, *la préparation à la reproduction* a été signalée par Stein et plusieurs autres naturalistes.

MM. Claparède et Lackmann citent comme le plus curieux, l'exemple du Colpode, et ce fait, fort propre selon eux à être exploité par les partisans d'une génération spontanée, s'explique parfaitement par la facilité avec laquelle cet animal s'enkyste.

C'est cette opinion soutenue d'abord par Stein et reproduite par ces deux observateurs, que **M.** Coste est venu dernièrement reproduire devant l'Académie des Sciences dans un Mémoire sur le *développement des infusoires ciliés, dans une macération de foin.*

Une fois enkystés, les Colpodes devenus immobiles, « se segmentent, dit-il en deux et quatre et quelquefois même en douze colpodes plus petits qui, une fois séparés et distincts entrent en gyration chacun pour leur compte, sous leur commune enveloppe. Les mouvements auxquels ils se livrent, finissent par user le kyste en un point quelconque, et, dès qu'une fissure y est pratiquée, on les voit sortir de leur prison et se mêler à la population dont ils accroissent le nombre. » Le savant professeur du Collége de France, désigne ces kystes, sous le nom de *kystes de multiplication*; par opposition à l'enkystement qui se rattache à la conservation de l'individu, et il explique ainsi le peuplement des infusions.

M. Pouchet, qui nie cette scissiparité des Kolpodes enkystés, explique d'une tout autre manière les faits précédents.

D'après lui, ces animalcules enkystés ne sont autres que des mères contractées en boule sur leurs œufs ; et les produits du kyste de multiplication, que les petits parvenus à la liberté après avoir rompu l'enveloppe qui les tenait renfermés. Il n'admet pas qu'un animal doué d'une organisation complexe puisse ainsi se diviser jusqu'à l'infini ; il signale, au contraire, tout ce qu'a de naturel le phénomène qu'il leur substitue, et nous croyons qu'il est dans le vrai. En effet, lorsqu'on suit attentivement le développement de ces corps oviformes sous l'enveloppe qui les réunit, on les voit d'abord opérer des mouvements de gyration et ne présenter de vésicules cardiaques que quelque temps après. Or, dans l'hypothèse de la scissiparité que défend M. Coste, le *punctum saliens* existerait dès l'origine.

A côté de l'*enkystement morbide* que nous avons précédemment appris à reconnaître, nous devons donc enregistrer un *enkystement maternel.*

A ces causes diverses d'enkystement chez les infusoires, MM Claparède et Lachman en ajoutent encore une autre, à savoir *la protection contre les*

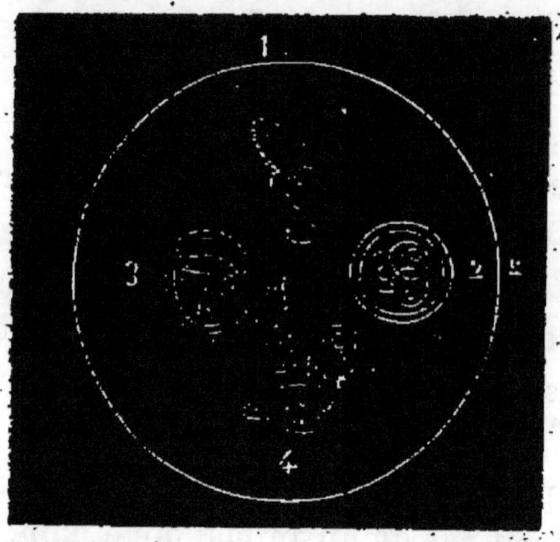

injures extérieures pendant la digestion, et il cite spécialement à ce sujet un infusoire connu des micrographes sous le nom d'*Amphileptus meleagris.*

Il est enfin une opinion relative au mode de peuplement des infusions et que nous ne pouvons passer sous silence.

Nous lisons en effet dans le *Monde de la mer,* de M. Moquin-Tendon : « Deux infusoires se rencontrent dans leurs courses vagabondes, se réunissent, se greffent par leur partie antérieure, se fusionnent et ne forment plus qu'une masse homogène. Celle-ci s'entoure d'une enveloppe transparente et laisse voir dans son intérieur quatre points nébuleux qui s'étendent et se transforment en quatre corps oviformes. Bientôt l'enveloppe se déchire et laisse échapper les corps oviformes, lesquels, comme certaines graines, attendront peut-être des années avant de trouver les circonstances nécessaires à leur développement. Alors la se-

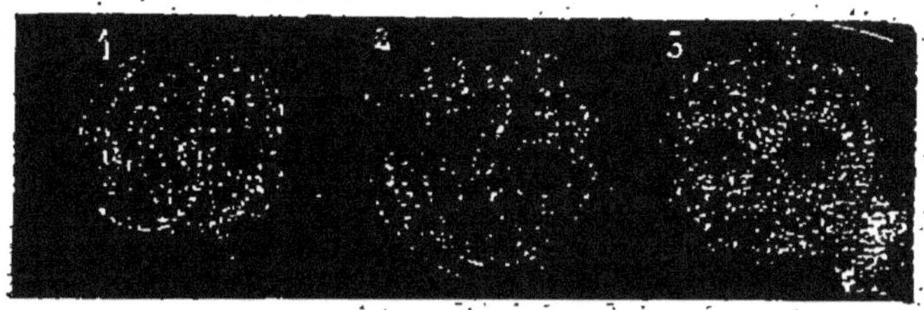

merce germe, l'infusoire se dessine, grossit rapidement et, devenu adulte, reprend sa course capricieuse, à la recherche de quelque autre infusoire de son espèce auquel il unira sa destinée. » Les figures ci-dessous donnent une juste idée de ce phénomène, par lequel nous terminons ce chapitre.

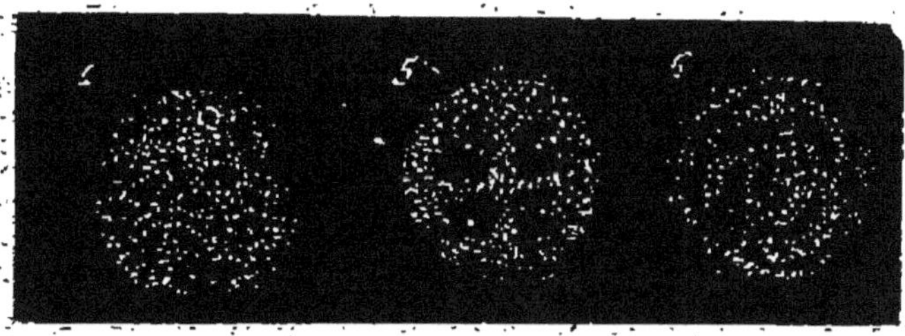

Pour nous résumer, nous dirons donc que la

matière organique, soumise à un certain ensemble
de circonstances, peut donner naissance à des
ovules, ceux-ci se développer en présentant les
mêmes phénomènes que dans la génération sexuelle, éclore et se manifester sous des formes
aussi diverses que les conditions de leur apparition peuvent être variables. La membrane proligère des infusions est l'analogue de l'ovaire ; elle
est à l'ovule spontané ce que le tissu ovarique est
à l'ovule maternel.

« Les données de la géologie, dit fort bien M.
Clémenceau, dans son livre sur la *Génération des
éléments anatomiques,* ont prouvé que la matière organisée n'a pu coexister de tout temps avec la
matière brute. Il est donc certain qu'il y a eu une
genèse d'êtres, c'est-à-dire une *génération spontanée
hétérogénique,* une véritable création..... » Mais,
selon lui, la science n'est pas encore arrivée à démontrer directement ce mode d'origine. « Ceux qui
parlent de germes, ajoute-t-il, ne les ont point vus.
Ceux qui parlent de génération spontanée hétérogénique ne l'ont point observée davantage. Les uns
cherchent à prouver qu'il n'y a pas de germes dans
leurs liqueurs, et concluent à l'hétérogénie par
voie d'exclusion. Les autres tâchent de démentrer
(par le raisonnement seul) qu'il y a des germes, et
en concluent toujours par voie d'exclusion à l'impossibilité de l'hétérogénie. *Quant au phénomène en*

lui-même, de la présence des germes et de leur développement, ou *de la naissance des êtres nouveaux,* tout le monde en parle et personne ne cherche à le constater. » Il est regrettable de voir un écrivain aussi sérieux que M. Clémenceau se prononcer ainsi, sans mûr examen, sur une question qui intéresse à un si haut degré la science et la philosophie. Nous serions heureux si la lecture de ce chapitre pouvait le faire revenir sur une critique qui avait sa raison d'être il y a une vingtaine d'années, mais que l'état actuel de la science ne permet plus vraiment de reproduire.

CE QU'IL N'Y A PAS DANS L'AIR.

Le propre d'une vérité en physiologie, est de recevoir sa démonstration de divers côtés à la fois.

Par l'observation directe, nous avons suivi les différentes phases de l'embryogénie des microzoaires, depuis l'apparition de l'ovule spontané jusqu'à son éclosion : procédons maintenant à l'examen microscopique de l'air et montrons qu'il n'est pas, comme on l'a supposé, le véhicule de germes de toutes sortes. Nous prouverons ensuite expérimentalement l'hétérogénie, après avoir fixé la résistance des infusoires ou de leurs œufs aux températures extrêmes.

L'air avait été étudié au seul point de vue de ses propriétés physiques et chimiques, lorsque MM. Moscati, Robiquet, Baudrimont et Pouchet songèrent à le soumettre à l'examen microscopique.

M. Pouchet se servit pour cela, entre autres moyens, d'un instrument de son invention, l'*Aéroscope*, qui projette l'air sur des disques de verre et y concentre tous les corpuscules qu'il contient.

Lorsqu'on vient à examiner la poussière ainsi recueillie, on la trouve composée de nombreux débris de notre alimentation ou de notre industrie,

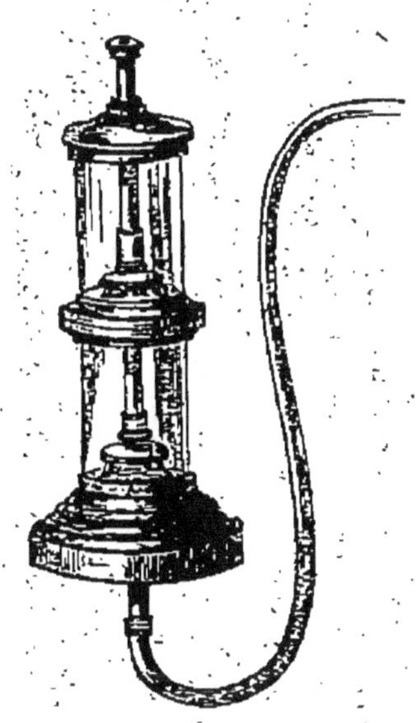

tels que fécule, grains de silice, filaments de laine, de soie ou de coton, parcelles de terre, parcelles de fumée, débris de plantes ou d'insectes. Quelques spores et de rares infusoires ordinairement contractés en boule, viennent dans certains cas compléter ce catalogue.

Si, au lieu d'opérer dans les cités populeuses, on recueille l'air dans les solitudes les plus profondes, sur les montagnes ou au milieu de la mer, on voit naturellement varier la nature des corpuscules qu'on en recueille.

MM. Pouchet, Joly et Musset qui, par des pro-
cédés multiples et dans les lieux les plus divers ont
analysé l'air, attirent tout particulièrement l'atten-

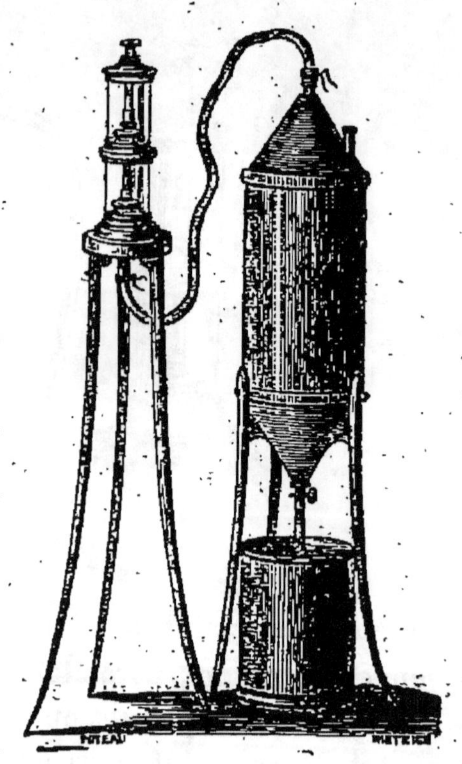

tion sur la rareté ou, le plus souvent, l'absence
d'œufs d'infusoires ou de spores de cryptogames.

Ces savants eurent l'idée ingénieuse de faire
l'examen microscopique de la neige qui dans sa
chute entraîne les poussières de l'air, et ils arrivèrent au même résultat.

M. Pouchet examina de même les poussières

entraînées par l'air dans les os pneumatiques des oiseaux et trouva leur composition parfaitement en rapport avec celles des lieux qu'habitent ces animaux. La poule élevée près de nous dans nos villes et le faucon sauvage offrent à cet égard des différences notables. Mais, — ce point est capital, — on ne rencontre pour ainsi dire jamais ni une seule spore, ni un seul œuf de microzoaire.

De leur côté, Burdach, de Baër, Hensche, Ehrenberg, R. Wagner, R. Leuckart et, tout récemment, Jeff. Wyman, Béchi, Schaaffausen et Baudrimont signalent également dans l'air l'absence normale d'œufs et de spores. « Je me hâte de dire, ajoute ce dernier observateur, que jusqu'à ce jour je n'ai point rencontré dans l'air que nous respirons, tous ces êtres fantastiques, tous ces monstres dont l'imagination de l'homme s'est plu à le peupler. » « Adonné nous-même, pendant trois années consécutives, dit également M. Musset, à l'étude des spores des champignons, nous avons pu nous convaincre que la dispersion de ces organes reproducteurs était infiniment moindre que ne le faisait présumer la théorie de la dissémination des germes au sein de l'atmosphère. »

Ainsi donc, pour tous ceux qui se sont occupés de la micrographie de l'air, celui-ci ne contient que *par exception*, quelques œufs d'infusoires ou quelques spores de cryptogames.

Dernièrement cependant, M. Pasteur, renouvelant l'hypothèse des Bonnet et des Spallanzani, l'en déclara surchargé et il motiva son opinion sur l'expérience suivante : On « filtre, dit-il, un volume d'air déterminé, sur du coton-poudre, soluble dans un mélange d'alcool et d'éther. Les fibres du coton arrêtent les particules solides. On traite alors le coton par son dissolvant. Après un repos suffisamment prolongé, toutes les particules solides tombent au fond de la liqueur ; on les soumet à quelques lavages, puis on les dépose sur le porte-objet du microscope. »

A l'aide de ces manipulations, M. Pasteur reconnut dans l'air la présence de corpuscules « dont la forme et la structure annoncent qu'ils sont organisés » mais, ajoute-t-il, « quant à affirmer que ceci est une spore, bien plus, la spore de telle espèce déterminée, et que cela est un œuf et l'œuf de tel microzoaire, je crois que cela n'est pas possible. »

Voilà ce que M. Auguste Laugel, dans un livre récent, remarquable du reste à beaucoup d'égards, les *Problèmes de la vie*, appelle avoir « arrêté au passage, touché du doigt, manié, pesé, analysé les germes sans cesse suspendus dans l'atmosphère. » Je crois M. Laugel convaincu, je le crois même plus convaincu que le défenseur de la panspermie dont le langage est assurément moins catégorique ;

mais, je ne suis pas bien sur que M. Pasteur lui-même, ne l'ait pas intérieurement accusé d'être.....
« plus royaliste que le roi. »

Ce que le savant chimiste ne parvient pas à distinguer, les micrographes chaque jour, le font sans peine aucune. MM. Turpin, Montagne, Tulasne, Ehrenberg, Dujardin, Robin, Hoffman, Pouchet, Joly, Musset, etc., reconnaissent parfaitement les spores ou les œufs qu'ils ont dans le champ de leur microscope.

Que M. Pasteur ne se retranche pas dans des entités métaphysiques; puisqu'il voit des corpuscules qui ressemblent à quelque chose d'organisé il ne peut plus soutenir avec Bonnet que les germes sont invisibles et d'une transparence tellement parfaite que la lumière les traverse sans réfraction. Soutenir d'ailleurs, qu'il existe dans l'air des œufs d'infusoires ou des spores de cryptogames, mais qu'ils sont trop petits pour être aperçus, c'est avouer qu'on ne peut rien savoir de leur existence.

Que M. Pasteur cesse donc de se maintenir dans le vague, qu'il découvre dans l'air les œufs parfaitement connus et décrits des infusoires ciliés, qu'il y montre les grains de levûre de bière qui sont fort visibles et dont on connaît les dimensions.

Les panspermistes sont vraiment remarquables par leurs dissidences et leurs contradictions.

Bonnet croit que les germes des animalcules ou des plantes des infusions proviennent du corps putrescible ; ailleurs, il professe avec Spallanzani qu'ils viennent de l'air ; Ehrenberg pense qu'ils sont apportés par l'eau ou les substances que l'on met à infuser. Ceux qui soutiennent la panspermie aérienne ne s'entendent pas davantage : les uns disséminent les germes partout, les autres avec M. Pasteur les font parcourir l'atmosphère sous forme de zônes, de veines, de nuages. C'est toujours la panspermie, mais la panspermie revue, corrigée et considérablement diminuée.

Affirmer que l'air est d'une manière ou d'une autre, encombré de germes, ce n'est pas le prouver et M. Pasteur qui a le secret de les découvrir eût dû se rendre à la prière des micrographes qui le mirent en demeure de les leur montrer ? Ceci eût clos le débat. « Qu'on me permette à ce sujet, dit M. Pouchet, une comparaison triviale mais décisive cependant. Que penserait-on d'un savant qui viendrait dire que l'atmosphère est partout encombrée d'une infinité de graines de pavot, de chénevis ou de lentilles, et qui, cependant, ne pourrait jamais en mettre une seule sous les yeux de personne ? on lui tournerait le dos et en souriant..... Eh bien ! le cas est absolument le même. Les spores et les œufs des organismes qui nous occupent, ont des diamètres qui varient de $0^{mm},006$

à 0,04 ; aussi, nos microscopes nous les font-ils apercevoir du diamètre des graines que je viens de citer ; c'est même une observation grossière. Alors, quiconque dira à un micrographe exercé qu'il y en a dans l'atmosphère sans pouvoir les lui montrer, se fera également tourner le dos. »

Mais, ces fameux germes que M. Pasteur a *montrés à tout Paris* (les micrographes exceptés), le docteur J. Lemaire crut un jour les avoir saisis dans l'atmosphère. Ce savant, recueillit dans des tubes la vapeur d'eau qui s'exhalait de la surface de deux étangs marécageux de la Sologne, celle du Jardin des Plantes qui est, on le sait, voisin de la rivière de la Bièvre et contient des collections d'eaux stagnantes, celle enfin de Romainville. Il condensa cette vapeur par le froid et examina ensuite sa composition. Au moment de sa condensation, le liquide contenait des cellules de diverses dimensions, des spores et des petits corps semi-transparents de formes différentes, des débris végétaux, des grains d'amidon, de la poussière ; et, deux jours après, il était peuplé de microzoaires et de microphytes.

Bien avant M. Lemaire, un grand nombre d'observateurs avaient constaté dans la vapeur qui s'élève des étangs, des eaux stagnantes et des marécages, la présence d'une quantité notable de matière putrescible. Qu'y a-t-il donc d'étonnant qu'elle produise, au contact de l'air, des proto-organismes animaux et végétaux ?

Les spores de beaucoup de mucédinées sont connues ; pourquoi M. Lemaire ne signale-t-il pas celles qu'il rencontre ?

Il ne fait pas figurer dans son énumération la levure agrostique qui se rencontre toujours dans les marécages ! Ses petits corps semi-transparents ovoïdes ne sont très probablement pas autre chose, et comme les grains de levûre germent et devien-nent des mucédinées, nous ne trouvons rien d'é-tonnant à ce que le liquide se soit peuplé de vé-gétaux.

Il ajoute que l'eau recueillie en Sologne était riche en proto-organismes ; que celle du Jardin des Plantes en contenait moins et que dans celle de Romainville, qui est un endroit salubre, les mi-crophites étaient rares. Tout cela est évident. Plus le liquide est putrescible, plus la faune et la flore obtenues par genèse spontanée sont abondantes et ont de durée.

Mais, quand M. Lemaire aurait constaté (ce qu'il n'a pas fait) la présence des œufs de tels infu-soires, des spores de telles mucédinées dans la vapeur qui s'exhale d'un étang marécageux où ils pullulent, qu'y aurait-il encore là d'étonnant ? L'air qui avoisine les forêts de Pins et de Sapins est riche en grains de pollen ; au moment de la floraison de ces arbres ; est-ce à dire qu'il en contient normalement et partout?

A l'heure qu'il est, aucun micrographe ne peut donc se vanter d'avoir trouvé dans l'atmosphère les germes des innombrables organismes qui peuplent les infusions. Pas même M. de Quatrefages, qui crut reconnaître dans l'air, des œufs d'une extrême petitesse ; car, M. Pouchet lui apprit qu'il n'avait affaire quà des grains de fécule de diverse taille, à des granules de silice et à des granules calcaires devenus transparents par leur immense ténuité.

Les grains de *silice* ont tout à fait l'*apparence de petits œufs* ; mais M. Pouchet s'est assuré de leur nature par une opération fort simple. Il les porte à la température rouge, dans un creuset de platine, puis il les traite par l'acide hydrochlorique. Ils sortent de cette épreuve parfaitement intacts et avec leur aspect oviforme.

Nous rapportons également à ces granules de silice ceux des petits corps semi-transparents de M. Lemaire, qui sont sphériques, de même que nous avons rapporté ceux qui sont ovoïdes à la levure agrostique. Nous y sommes d'autant plus autorisé que cet auteur constate dans son liquide une certaine quantité de *poussières*.

La *fécule* entre en proportion considérable dans les poussières qui flottent dans l'atmosphère des cités populeuses. MM. Pouchet, Joly, Musset, Robin l'ont parfaitement démontré, et M. Pasteur l'a admis.

Elle s'y offre même sous trois états différents : *normale*, *panifiée* et *bleue*.

La fécule normale, facilement reconnaissable à la propriété qu'elle possède de bleuir rapidement au contact de l'iode et à celle de polariser la lumière, se rencontre, ainsi que l'a signalé M. Charles Robin, jusque sur notre peau, libre ou adhérente aux lamelles qui en forment l'épiderme. Elle est parfois si abondante, que M. Pouchet en découvre une trentaine de grains sur les ailes de chacune de nos mouches et en trouve parsemée chaque feuille des arbres de nos jardins.

Naturellement, dans les grandes villes, c'est surtout à l'état de fécule panifiée qne nous la rencon-controns ; elle est alors composée de grains plus gros, souvent éclatés et agglomérés par la cuisson. L'iode, enfin, la colore moins fortement.

Parfois aussi, des grains de fécule d'un beau bleu et de taille moyenne apparaissent sous le champ du microscope. Doivent-ils leur coloration à l'iode dont M. Châtin a signalé la présence dans l'atmosphère ?

D'après ce qui précède, il est donc de toute évidence, pour un esprit non prévenu, que, *normalement*, l'air ne contient ni œufs ni spores, et que si jamais un observateur est tenté de soutenir le contraire, il est, avant tout, tenu de les montrer.

Mais, l'auteur d'un *Essai* fort remarquable *sur l'histoire des ferments*, M. Ch. de Vauréal, se demande si dans l'air, où il est bien constaté qu'il n'y a ni *œufs* ni *spores*, il ne pourrait pas y avoir encore des *germes* ?

Je ne sais vraiment ce qu'entend par là M. de Vauréal ; on nomme *germe* le rudiment d'un nouvel être, la partie de l'ovule qui, après la fécondation, deviendra l'embryon, et si Bonnet et Spallanzani pouvaient, d'une manière générale, employer cette expression comme synonime de corps reproducteurs à une époque où l'on ne connaissait ni les œufs des microzoaires, ni les spores des cryptogames microscopiques, elle est aujourd'hui sans signification aucune.

Les phanérogames, dit M. de Vauréal, produisent des graines ; mais les cryptogames se reproduisent par des germes. A quoi servent donc les spores ?

La notion du germe est assurément une notion positive en physiologie, mais elle est inséparable de celle de l'ovule ; il n'existe pas de germe sans ovule et rien n'autorise à les isoler.

D'ailleurs, nous pourrons supposer la présence dans l'air de ce *quelque chose d'indéfini*, lorsque nous interprèterons plusieurs expériences, et nous verrons qu'il est impossible de lui faire jouer le moindre rôle dans les expériences d'hétérogénie.

« Depuis que j'ai quitté le maillot classique et que je pense un peu par moi-même, écrivait dernièrement un savant professeur de la Faculté de Médecine de Paris, je me suis rangé parmi les partisans de la génération spontanée, et la seule chose qui me surprenne, c'est qu'il y ait de bons esprits capables d'accepter l'invention ridicule de la panspermie. » Invention ridicule, en effet; doctrine fondée sur une *raison de commodité* (Montesquieu); *Faux fuyant, hypothèse du juste milieu* (Ch. Musset).

D'ailleurs, « c'est à celui qui affirme une proposition de la prouver. Celui devant qui on l'affirme n'a qu'une seule chose à faire : attendre la preuve et y céder si elle est bonne. On serait venu sommer Buffon de donner une place, dans son *Histoire naturelle*, aux Sirènes et aux Centaures, Buffon aurait répondu : Montrez-moi un spécimen de ces êtres, et je les admettrai; jusque-là, ils n'existent pas pour moi. — Mais, prouvez qu'ils n'existent pas. — C'est à vous de prouver qu'ils existent. — La charge de faire la preuve, dans la science, pèse sur ceux qui allèguent un fait. » (Renan. — *Les Apôtres*.)

Entité métaphysique, rêve charmant d'un autre âge, l'hypothèse de la Panspermie est donc une de ces idées abstraites, imaginaires, qui n'ont de réalité que dans l'organe cérébral de ceux qui les émettent.

LES

PRÉTENDUS INCOMBUSTIBLES.

La Pazzia regina del mondo, s'écriait Erasme, au temps de la Scolastique, *La Folie est la reine du monde.* La reine du monde aujourd'hui, c'est la Science. Elle domine tout : morale, politique, théâtre, roman, religion. « Le pouvoir de la science — a dit Napoléon — fait désormais partie de la science du pouvoir »; l'art dramatique, dans plusieurs pièces récentes, appelle également la science à son secours, et les religions elles-mêmes lui mendient des preuves à l'appui de leurs textes. Mais la science, elle-même, n'a toute sa force que dégagée du merveilleux dont on se plaît encore à l'entourer.

On s'est appliqué, dans ces derniers temps, à signaler comme un des caractères du siècle l'envahissement du roman par les sciences. Les plumes de Walter Scott, d'Hugo, de Mme de Staël, de Th. Gauthier, de Georges Sand; que sais-je encore, de Flaubert, de Bouilhet, d'About lui-même, ont, en effet, accueilli à l'envi l'élément scientifique. C'est l'esprit de l'époque. Les faits, pour arriver aux masses, revêtent toutes les formes, tous les déguisements imaginables.

En revanche, l'introduction du roman dans la science a été rarement mise en relief, peut-être parce qu'elle est de tous les temps. On a fait des livres avec les erreurs et lespréjugés populaires, on ferait des bibliothèques avec les erreurs et les préjugés scientifiques. Quel que soit son caractère, il semble que l'homme soit fatalement conduit à rechercher l'illusion et le paradoxe; il lui faut le roman; chaque jour, nous le voyons improviser la science. . . . . . qui ne s'improvise point.

« La science, dit M. Lucien Platt, a ses romans comme l'histoire; c'est au public à discerner la vérité. Quand, par exemple, Alexandre Dumas raconte que Louis XIV a été mis traîtreusement à la Bastille par une intrigue des amis de Fouquet, les commis en nouveautés peuvent le croire; les gens instruits s'aperçoivent bien vite que le spirituel romancier veut rire, mais ils poursuivent leur lecture, parce que « tous les genres sont bons, hors le genre ennuyeux. »

Je ne parlerai pas de l'introduction, dans le domaine de la science, des fables théologiques. Le temps est venu où, en pareille matière, on lit et passe outre. Entre une vérité métaphysique et une vérité scientifique, il y a un abîme.

Mais la médecine fournirait, à elle seule, la matière de mille volumes à qui voudrait dresser le catalogue des conceptions les plus romanesques dont le cerveau de l'homme puisse être le laboratoire, et le merveilleux ne fait pas non plus défaut dans les œuvres des naturalistes.

Bonnet, par exemple, est convaincu que chaque être est une petite terre où il aperçoit en raccourci toutes les espèces de plantes et d'animaux qui s'offrent en grand sur la surface du globe. « Un chêne me paraît, dit-il, composé de plantes, d'insectes, de coquillages, de reptiles, de poissons, d'oiseaux, de quadrupèdes, d'hommes même. Je vois monter dans les racines de ce chêne, avec les sucs destinés à sa nourriture, des légions innombrables de germes. Je les vois circuler dans les différents vaisseaux, se loger ensuite dans l'épaisseur de leurs membranes pour les augmenter en tous sens. » Folies, dira-t-on, et reléguées dans des œuvres enterrées à jamais. Erreur. Ce sont ces hommes dont les adversaires de la génération spontanée exhument pour la plupart, aujourd'hui encore, l'autorité, en encombrant l'air de germes [métaphysiques.

Toute bibliothèque un peu complète possède le

Mundus subterraneus du P. Kircher, œuvre d'une érudition très grande et dédiée au pape Alexandre VII. Il y a beaucoup à apprendre en ce livre, ne fût-ce qu'il suffit d'ensemencer la terre avec des serpents pulvérisés pour récolter une moisson de ces animaux, et que des fragments de tiges de certains végétaux, en tombant dans leau, s'y transforment en animaux divers. Il est vraiment curieux de jeter un coup d'œil sur les figures dont

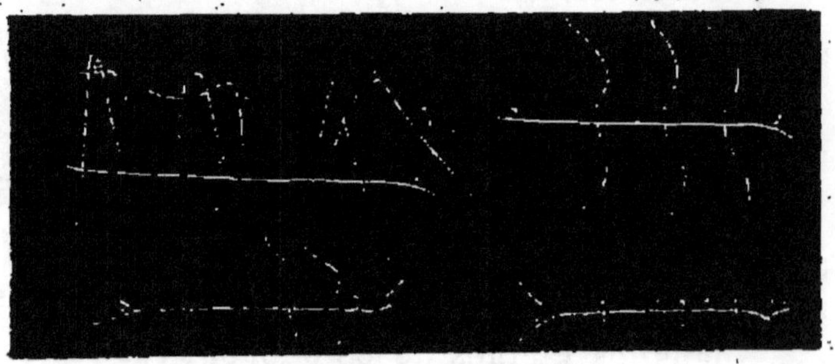

il accompagne son texte ; de voir avec quelle exactitude il représente les expansions en forme de pattes qu'il fait naître symétriquement de chaque côté de ces tiges, dont les extrémités se métamorphosent simultanément en tête et en queue. Tout cela, il l'a vu, bien vu, et il est aussi sincère que le jésuite Lapide qui affirme sérieusement avoir vu la manne tomber du ciel. C'est que les Bons Pères, en plus d'un point, n'y voient pas comme tout le monde.

Nous voilà naturellement amenés à parler des

Résurrections qui ont soulevé, dans ces derniers temps, une polémique comme l'histoire des sciences en offre peu d'exemples. Depuis deux siècles, il s'est constamment trouvé des hommes qui, investis du pouvoir d'Esculape, ressuscitèrent des morts aussi facilement que le P. Kircher faisait des animaux avec des bouts de bois. Pour cela, il leur suffit de les cuire jusqu'à ce qu'ils ne possèdent plus la moindre humidité, et de les noyer ensuite avec toutes sortes de précautions ; ils reviennent infailliblement à la vie. « Le Lazare microscopique renaît », pour nous servir de la spirituelle expression de M. L. Figuier, que nous regrettons de voir ainsi, d'un mot, prendre rang parmi les vulgarisateurs du merveilleux. Nous ferons a même remarque relativement au Dʳ Hœfer, dont tout le monde sait apprécier la science et le haut mérite, et qui, dans ses *Études familières de la Nature*, parle encore « d'êtres qui ressuscitent après leur mort. »

Leuwenhoek rapporte avoir vu des rotifères se ranimer après être restés dans du sable sec pendant presque deux ans de suite ; Baker copie Leuwenhoek ; Spallanzani reprend le fait, consacre tout un chapitre de ses *Opuscules de physique animale et végétale* à ce singulier phénomène et Doyère, enfin, le remet à l'ordre du jour en 1842.

Je lis dans les *Souvenirs d'un Naturaliste*, de

M. de Quatrefages : « être singulier, qui ne peut vivre que dans l'eau et habite pourtant la mousse de nos toits, qui meurt chaque fois que le soleil dessèche sa retraite, pour ressusciter aussitôt qu'une ondée de pluie fait pénétrer jusqu'à lui le liquide nécessaire à son existence et qui peut ainsi employer plusieurs années à dépenser les dix-huit jours de vie que lui départit la nature. »

Qu'est-ce que l'imagination, cette folle du logis, ne s'est pas plu à accepter sans examen ? Combien d'auteurs, citent ce phénomène merveilleux, mais combien peu disent : j'ai vu, j'ai vérifié ?

Il est vrai que M. de Quatrefages qui, je ne sais pourquoi, fixe à dix-huit jours la durée de la vie des rotifères, a, depuis, annoncé qu'il n'avait employé les mots « mort » et « résurrection », que pour se conformer à l'usage ; mais, qu'il admet encore chez le rotifère parfaitement sec, « un fil de vie », une « vie latente. » M. Doyère dit « mort virtuelle, potentielle. »

« Une vie très-faible, très-petite, avait pourtant dit Spallanzani, sur l'autorité duquel on s'appuie, est toujours une vie, et entre elle et la mort il y a une distance immense, comme entre l'Etre et le non-Etre. » Et lorsqu'il vient à se demander s'il ne serait pas possible que les animaux morts en apparence, conservassent une étincelle de vie, il finit par conclure que dans ces êtres, devenus secs et maigres, la vie est « entièrement perdue. »

Le vocabulaire des résurrectionnistes que nous sommes loin d'épuiser, (on a aussi parlé de syncopes, de léthargie, de catalepsie.....), est on le voit assez chargé et ne brille pas par la clarté.

Nous avons essayé, ainsi, que MM. Pouchet et Tinel de ramener la question à des termes précis que les savants qui se sont occupés avec nous de ce sujet, ont du reste acceptés. Il ne s'agit donc plus que de savoir si des animaux qui, en état d'activité, dans l'eau ou dans la terre humide, ne présentent rien de spécial sous le rapport physiologique, peuvent se ranimer au contact de l'eau, lorsque, par l'évaporation, on les a amenés à un état de dureté et d'immobilité complètes.

Il faut bien avouer que si, depuis Spallanzani, la reviviscence a rencontré de nombreux et puissants adversaires, l'opinion générale de l'époque actuelle (en France, du moins), est en sa faveur.

Les travaux de Schultze et de Doyère sont venus, dans ces derniers temps, lui donner une importance qu'elle était loin d'avoir avant eux ; le remarquable Mémoire de M. Davaine, sur l'Anguillule du blé niellé, confirma leurs opinions, et enfin, le savant Rapport de M. Broca, tout en restreignant énormément la réviviscence, ne l'a pas moins posée à la hauteur d'un fait.

Devant l'opinion de savants aussi justement estimés, nous aurions reculé, sans doute, à exprimer la nôtre, si, d'une part, nous n'avions dans notre camp des noms également célèbres, et si, ensuite, nous ne trouvions une excuse suffisante dans le droit universel au libre examen.

Aujourd'hui que les points en dissidence sont nettement formulés, tout malentendu est devenu impossible, toute polémique est heureusement hors de saison.

Ainsi que le dit M. Broca, le débat se trouve concentré sur un seul point.

« Un corps desséché aussi complètement que possible, par des moyens artificiels, est-il privé de vie ? Oui répondent d'une commune voix les biologistes des deux camps.

» Mais ce corps, hydraté de nouveau, peut-il reprendre la vie qu'il a perdue ? C'est ici que surgit la controverse.

» M. Doyère dit : lorsque l'expérience est faite avec les précautions convenables, lorsqu'on procède d'abord à la dessiccation, puis à l'humectation avec assez de lenteur et de circonspection, le corps le plus desséché peut conserver encore sa propriété de réviviscence.

» MM. Pouchet, Pennetier et Tinel disent au contraire : aucune précaution expérimentale ne peut soustraire un animal aux conséquences ordinaires de la dessiccation, et lorsqu'une fois il est bien desséché, rien désormais ne peut lui rendre la vie. »

Nous prétendons que l'entretien de la vie, nécessite la présence de l'eau et que la mort « définitive » est le résultat de son absence « absolue. » Nous croyons avec M. Broca que l'animal desséché a perdu, en même temps que les manifestations de la vie, la forme, la disposition, le volume et jusqu'à la constitution moléculaire de ses organes ; mais ce que nos expériences ne nous permettent point d'admettre, c'est que l'humidité puisse rétablir non-seulement les fonctions éteintes, mais l'état anatomique profondément altéré.....

Nous avons jusqu'ici démontré l'hétérogénie par l'observation directe et l'expérience à ciel ouvert;

10

rien ne venait entraver la marche des phénomènes, la plus surprenante fécondité se rencontrait partout où nous mettions la matière organique dans des conditions favorables.

Mais, la force organisatrice que possède la matière organique, propriété immanente, car Matière et Force sont identiques, est tellement puissante, que la genèse spontanée se produit encore, quoiqu'avec moins d'intensité, lorsque nous en troublons, dans une certaine mesure, les manifestations par des agents destructeurs.

Naturellement, les adversaires de l'hétérogénie, les Panspermistes, comme on les appelle, ont affectionné ce mode d'expérimentation, et comme ils admettent que partout où la vie apparaît, elle dérive de germes qui ont bravé la destruction, ils se sont vus dans l'obligation, à mesure que l'expérimentation devenait plus rigoureuse, d'étendre chaque jour davantage la résistance vitale de leurs œufs ou de leurs semences.

Nous devons donc, avant de continuer notre démonstration de la genèse spontanée, par les expériences en vases clos, fixer rigoureusement la résistance que les Microzoaires et les Microphytes présentent aux températures extrêmes, sèches ou humides.

Depuis un siècle et demi, la question des « Reviviscences » divise le monde savant, et, il faut le dire, des noms également célèbres figurent dans les deux camps.

Mais, bien loin de rester dans le domaine des faits, un grand nombre d'observateurs se laissèrent malheureusement entraîner par des considérations théologiques ou philosophiques, à nier ou à accepter *à priori* les assertions de leurs prédécesseurs. Souvent ils se sacrifièrent même aux idées et aux exigences de l'époque à laquelle ils écrivaient. Ne voyons-nous pas un Fontana, l'un des promoteurs des résurrections, reculer épouvanté devant les conséquences qui en découlent: « Il n'ose point écrire sur ce sujet, dit Dupaty, il craint d'être excommunié : tout le pouvoir du grand-duc ne le sauverait pas. »

La découverte des animaux qui ont servi à éclairer la grande et complexe question qui nous occupe, date de l'emploi du microscope.

Le premier micrographe, Leuwenhoek, découvre en 1701 le Rotifère, et dès le début de la question, il met son nom en tête de la liste des anti-résurrectionnistes.

Mais, quarante années plus tard, Needham trouve les anguillules de la nielle et signale chez elles la propriété de reviviscence.

En 1776, Spallanzani découvre les Tardigrades et les Anguillules des toits ; il fait sur eux de nombreuses expériences de revivification et imprime le plus remarquable ouvrage du siècle dernier sur cette question.

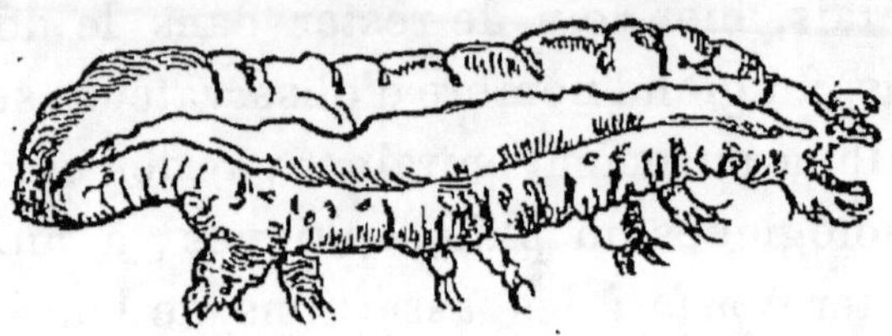

Les écrits du savant de Pavie trouvent d'abord de nombreux prosélytes; le phénomène de la revivification est presque unanimement accepté ; lorsque Bory de Saint-Vincent et Ehrenberg vien-

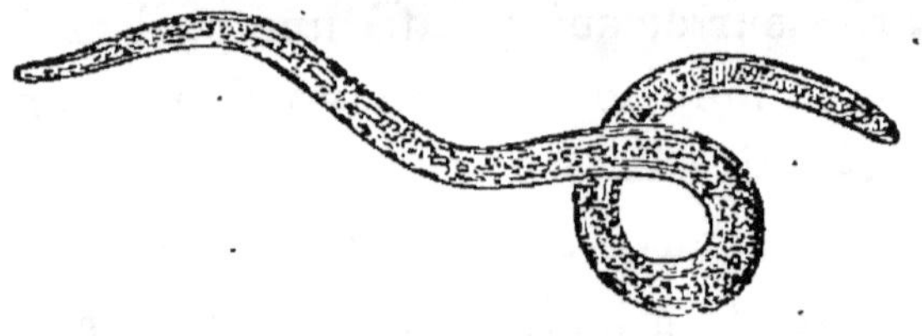

nent, en l'infirmant, jeter le doute dans les esprits et appeler sur lui de nouvelles recherches.

De nouvelles expériences paraissent, en effet : Dugès en 1838 et Diésing en 1851, professent l'opinion d'Ehrenberg et de Bory de Saint-Vincent.

Mais les écrits de Spallanzani sont confirmés par Doyère en 1842, dans un mémoire, devenu célèbre, sur les Tardigrades, et par M. Davaine, en 1856, dans son remarquable travail sur les Anguillules de la nielle. Ces deux savants, par leurs découvertes, donnent une grande extension au phénomène. De son côté, Dujardin, après avoir formulé sa théorie du sarcode, se proclame naturellement résurrectionniste.

La question en était là, lorsque la presse scientifique, au commencement de 1859, vint porter de nouvelles atteintes aux écrits de Spallanzani et de ses successeurs. MM. Pouchet, dans ses *Recherches* et ses *Nouvelles expériences sur les animaux pseudo-ressuscitants*; Tinel, dans différents *Mémoires sur les Rotifères et les Tardigrades des toits*, et l'auteur de ce livre, dans plusieurs *Mémoires* sur ces mêmes animaux ainsi que sur les *Anguillules des toits*, ont été amenés, après de nombreuses expériences, à nier de nouveau le principe des reviviscences.

L'auteur du Mémoire de 1842 revint soutenir que ces animalcules « peuvent supporter une température qui peut aller jusqu'à 150 degrés centigrades, sans perdre la faculté de revenir à la vie lorsqu'on les réhumecte »; et bientôt M. Gavarret, tout en restreignant les conclusions de ce dernier, adhéra cependant au principe biologique qu'il avait soutenu. Il réduisit à 110 le nombre de degrés auxquels peuvent résister les animaux, et conclut que « la température à laquelle l'altération des matières organiques s'effectue, est comprise entre 110 et 115 degrés centigrades. »

Les discussions qui, depuis 1701, séparaient sur

ce sujet les savants en deux camps bien tranchés, devinrent plus vives que jamais, lorsque les deux partis se donnèrent, en 1860, rendez-vous devant une société savante pour y répéter leurs expériences. La Société de Biologie de Paris qui accepta cette mission, en institua, de son côté, de nouvelles et restreignit encore les conclusions de M. Gavarret.

Les savants qui se sont occupés de cette importante question de physiologie générale ont donc successivement restreint les prétentions de leurs prédécesseurs. M. Doyère lui-même, en expérimentant devant la Société de Biologie, essaya de ranimer des animaux chauffés à 120 et à 140 degrés et il échoua; il ne dépassa pas 98.

Nous avons alors, dans un nouveau travail : *De la Reviviscence et des Animaux dits ressuscitants*, fait connaître (en résumant le savant Rapport de M. Broca) les résultats obtenus par la Société de Biologie, et nous avons exposé nos récentes expériences sur les points où elle était restée en dissidence avec nous.

Les conclusions de la Commission, composée de MM. Balbiani, Berthelot, Broca, Brown-Séquard, Dareste, Guillemin et Ch. Robin, portent successivement sur les animalcules — exposés à l'air libre, à l'ombre ou au soleil ; — exposés aux agents physico-chimiques ; — soumis à des changements brusques de température ;— soumis à la température de 100 degrés.

L'exposition prolongée à l'air libre, dit la Commission, constitue pour les animaux reviviscents une épreuve très dangereuse (Pouch., Penn., Tin.) et détruit en peu de mois leur propriété de reviviscence.

Les Rotifères et les Tardigrades peuvent être soumis à un froid de 17 degrés, puis exposés subitement à une chaleur de 78 degrés, et subissent ainsi, instantanément, un changement de 95 degrés de température, sans perdre leur propriété de reviviscence. (Pouch.)

Enfin, au milieu d'un grand nombre d'expériences diverses, la Commission n'a jamais pu revivifier d'anguillules des toits ; elle en a vu seulement se ranimer une, adulte, chauffée trente minutes à 78 degrés. Mais, M. Broca fait avec raison remarquer que M. Davaine a toujours vu périr les anguillules de la nielle à 70 degrés; et que nous, qui avons vu une fois se ranimer une toute petite anguillule des toits à cette température, n'avons jamais pu la dépasser. Il ajoute que l'anguillule que nous avons revivifiée était toute jeune, et que la sienne, au contraire, étant adulte, il n'oserait affirmer que des anguillules plus petites et plus jeunes auraient pu résister à 78 degrés. Le maximum de la résistance vitale de ces animaux aux températures élevées, d'après le relevé de nos expériences, est, en effet, de 70 degrés, et nous l'avons porté théoriquement à 75 pour n'être pas accusé, dans des recherches ultérieures, d'être au dessous du vrai.

M. Perez qui, dans ses *Recherches sur les Anguillules terrestres* a cru trouver, six ans après nous, que cet animalcule *ne pouvait être impunément desséché et que lui soustraire l'humidité, c'était lui enlever infailliblement la vie*, voudra donc bien se reporter à la liste bibliographique qui termine ce volume, il y verra qu'entre les travaux de Dujardin et les siens, il y a plus d'un Mémoire dont la lecture aurait pu abréger ses recherches.

Mais, d'après les termes précis du débat soumis à la Société de biologie, la Commission a été principalement instituée pour vérifier l'expérience du chauffage à 100° pendant 30 minutes, expérience fondamentale et qui devait servir de base aux conclusions du Rapport.

Or, des expériences faites par la Commission, à cette température et avec l'appareil ci-dessous, conçu d'après les indications de M. Berthelot et adopté par M. Pouchet, TOUS LES TARDIGRADES, comme TOUTES LES ANGUILLULES, sont sortis absolument morts, et, sur QUATRE-VINGTS ROTIFÈRES, ONZE seulement ont été vus exécuter des mouvements d'ensemble.

Ces résultats successifs, obtenus à mesure que les moyens d'expérimentation se perfectionnaient,

sont bien de nature, ce nous semble, à jeter quelques doutes sur ce que Spallanzani appelle « la

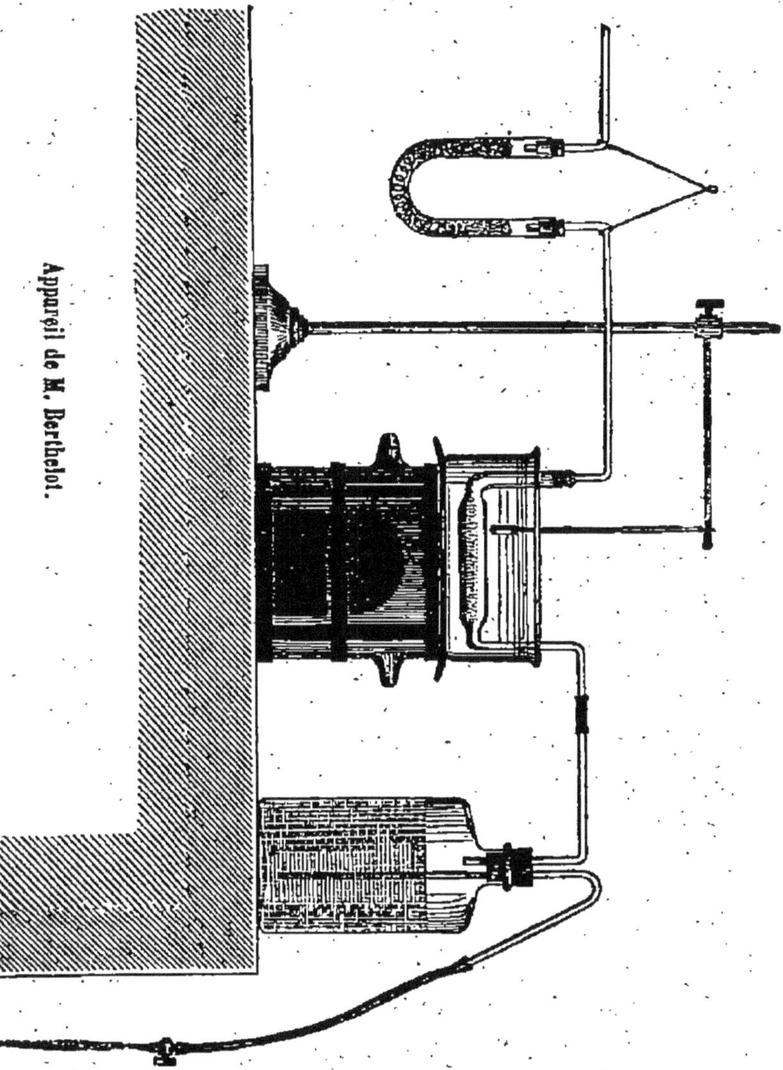

vérité la plus paradoxale que puisse offrir l'histoire des animaux. »

Nous avions soutenu, MM. Pouchet, Tinel et moi, que ni anguillules, ni tardigrades, ni rotifères, ne résistaient trente minutes à la température sèche de 100 degrés. Or, si les conclusions de la Société de Biologie, nous donnent raison pour les deux premiers, (ce qui nous dispense de reproduire ici nos espériences sur ces animaux), la Commission nous oppose, relativement aux Rotifères, les quelques individus (11 sur 80), qui paraissent avoir, dans son expérience, bravé cette température. Il importe donc que nous donnions la clef de ce résultat positif.

Après avoir laissé pendant une heure vingt-et-une minutes, ces animaux exposés à une température variant seulement de 60 à 65 degrés, elle leur a fait franchir 40 degrés (de 60 à 100) en *dix minutes* seulement, tandis que, dans nos recherches antérieures, nous ne montions graduellement, ainsi que MM. Pouchet et Tinel, que de 6 à 10 degrés par heure, c'est-à-dire que nous mettions plusieurs heures à atteindre une température qu'elle n'a mis que quelques minutes à obtenir. Il est, en effet, de la plus haute importance de s'assurer que *tous* les animalcules, ceux de la superficie comme ceux du centre du terreau, ont bien acquis la température voulue, ce qui n'a pas dû certainement arriver dans l'expérience de la Commission.

Cette seule objection suffirait, ce nous semble,

pour infirmer, jusqu'à nouvelles preuves, l'arrêt de la Société de Biologie relatif aux rotifères. C'est pourquoi nous avons répété de nouveau, au mois d'octobre 1860, cette expérience de chauffage à 100 degrés, en nous conformant toujours aux exigences de nos adversaires.

Parmi ces dernières, figure celle de n'expérimenter que sur des espèces qui vivent dans les lieux exposés aux alternatives de sécheresse et d'humidité ; celles qui vivent constamment submergées, ne possédant pas en effet, au dire des résurrectionnistes eux-mêmes et de M. Davaine en particulier, la propriété de reprendre les manifestations de la vie après avoir été déchessées, même pendant un court espace de temps.

EXPÉRIENCE.

Matériaux de l'expérience. — Nous prenons du terreau provenant de mousse recueillie le premier juillet 1860 sur la rampe de la grande serre de Trianon, près Rouen, après quinze jours d'un soleil ardent ; lieu très sec et exposé au sud-est. Ce terreau, grossièrement tamisé et contenant en moyenne cinquante Rotifères et dix Tardigrades par deux décigrammes, est resté exposé à l'ombre et à une température de 18 degrés pendant quinze jours.

Le 15 juillet, à une heure, je place sous la machine pneumatique, à côté d'un vase rempli de chaux vive, un verre contenant trois grammes de ce terreau et le vide est fait à trois millimètres. Je m'assure, chaque semaine, que le vide persiste toujours.

Les moyennes de la température ambiante, calculées par le professeur Preisser, d'après quatre observations faites chaque jour à neuf heures du matin, midi, trois heures et neuf heures du soir, ont été : en juillet, de 18°, 5 ; en août, de 16°, 4 ; en septembre, de 14°, 7, et en octobre, de 12°, 6. Notons, en outre, que le temps a été presque constamment sombre et pluvieux : sept jours de pluie en juillet, vingt-un en août, quatorze en septembre et douze en octobre.

Mise en train de l'expérience. — Ces trois grammes de poussière, étaient destinés à l'expérience de chauffage que nous avons faite dans les conditions suivantes.

L'air extérieur, avant d'arriver au contact des animalcules, traverse successivement deux flacons remplis de chaux vive, où il se débarrasse de son humidité. Le deuxième vase communique avec un tube en U, au moyen de petits tubes coudés, réunis par un ajustage en caoutchouc. Le tube en U plonge dans un bain d'huile, et un thermomètre placé dans le liquide indique constamment la température du bain. Du tube en U l'air se rend dans un troisième flacon rempli de chaux vive et destiné à intercepter toute humidité du vase à

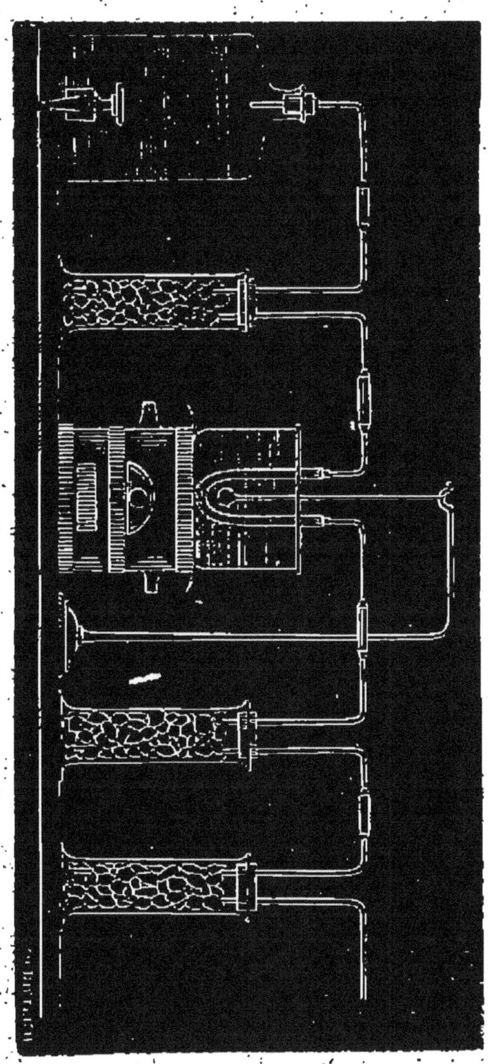

aspiration vers les animalcules, précaution omise

dans l'appareil Berthelot. Enfin, l'air est attiré dans cet aspirateur rempli d'eau et muni d'un robinet qu'on ouvre plus ou moins, suivant qu'on veut faire arriver l'air avec plus ou moins de rapidité.

Le 27 octobre 1860, nous nous assurons que notre terreau contient encore des animalcules reviviscibles — la moitié des rotifères est reviviscible, ce qui s'explique par la quantité de terreau mise en expérience et la basse température de l'atmosphère ambiante pendant les trois mois qu'elle a duré ; tous les tardigrades sont absolument morts — et, nous plaçons ensuite, pendant deux heures, dans une étuve à 60 degrés, le tube en U, un peu de coton cardé et des tubes coudés, ainsi que les tubes en caoutchouc situés entre le deuxième et le troisième vase à chaux.

A dix heures et demie du matin, nous mettons l'appareil en activité. Deux décigrammes de terreau, au sortir de la machine pneumatique, sont immédiatement déposés dans le tube en U parfaitement séché, et un petit tampon de coton, également retiré de l'étuve, est introduit dans chaque branche du tube, à un centimètre au-dessus de la poussière, afin d'empêcher des parcelles de terreau de s'élever, pendant l'expérience, au-dessus du niveau du bain. A onze heures, la température de l'huile marque 50 degrés. Le tube en U est introduit dans le bain à un centimètre au-dessus du fond et on ouvre le robinet de l'aspirateur.

A partir de la température de 60 degrés, atteinte à midi, nous élevons successivement la température du bain de 10 degrés par heure, de sorte que le thermomètre marque 100 degrés à quatre heures du soir. Nous maintenons cette température pendant 30 minutes, après lesquelles nous arrêtons le chauffage, démontons l'appareil et plaçons notre terreau sous la cloche humide.

Résultat. — Le 28, à quatre heures du soir, nous humectons notre poussière, et le lendemain, à la même heure, procédant à l'examen microscopique, nous constatons ce qui suit :

    1ᵉʳ verre, 15 Rotifères, tous morts
     2ᵉ   — 19   —   id.
     3ᵉ   — 17   —   id.
     4ᵉ   — 14   —   id.

Ayant examiné de nouveau le lendemain, nous sommes arrivés au même résultat.

Ainsi donc, sur 65 Rotifères mis en expérience, aucun n'a manifesté le plus petit signe de vie, tous nous sont apparus contractés en boule et quelques-uns endosmosés. Tous les Tardigrades étaient également morts.

Cette expérience, répétée dans la suite par M. Pouchet et reproduite en 1864 dans ses *Nouvelles expériences sur la Génération spontanée et la Résistance vitale*, l'ont amené à des résultats identiques.

Par conséquent, les Rotifères, comme les Tardigrades, ne peuvent, même après dessiccation à froid, dans le vide sec, supporter, comme on l'a avancé, la température de 100 degrès, sans périr d'une manière définitive, et les Anguillules des toits ont depuis longtemps perdu toute propriété de reviviscence lorsque le thermomètre atteint cette température.

La vérité est quelquefois longue à se faire jour, mais elle jouit du privilége de percer tôt ou tard. Si Spallanzani ne doute pas qu'à mesure qu'on prendra plus de goût pour cette étude on n'augmente le nombre des animaux ressuscitants, nous pouvons affirmer que ses espérances ne se réaliseront pas, et que le nombre de ces êtres privilégiés diminuant au contraire de jour en jour, c'est à peine si, dans les livres sérieux, quelques lignes seront consacrées à la mémoire de leur résurrection.

« Les animalcules ressuscitants, dit avec raison M. Lucien Platt, appartiennent désormais à l'histoire de la superstition et de l'orgueil humain. Mais il faudra commencer ce chapitre par un conte qui est l'idéal du genre. On y a cru, comme quelques personnes croyaient naguère à la reviviscence des tardigrades. Voici la chose : il y avait au temps de Bouguer (l'auteur de la *Théorie de la figure de la terre)* un certain serpent, un *am-*

monte à 80 et M. Pouchet obtient les résultats suivants :

La température de 40, en gêne déjà un grand nombre, les microzoaires ciliés périssent pour la plupart au-dessous de 50 degrés, les œufs spontanés en gyration ne résistent pas à cette température que bravent quelque temps seulement les grands vibrions et quelques petites paramécies, mais, « aucun infusoire ne supporte 55 degrés. » Les œufs normaux des Paramécies et des Vorticelles ont une résistance plus considérable, ils supportent souvent 70 degrés mais n'atteignent jamais 75.

L'expérience suivante confirme les données précédentes.

» Une macération de foin, contenant des microzoaires d'espèces très variées, fut placée dans une bassine en porcelaine, dans laquelle plongeait un thermomètre ; la pression était de 0m,741. Ensuite, la température du liquide fut successivement élevée à l'aide d'une lampe à esprit de vin. A 40° le *spirillum undula* (Ehr.), le *vibrio granifer* (Nob.), les Kolpodes, les Kérones, les Bactériums, commencent à périr ; à 45°, beaucoup de microzoaires sont déjà morts. Quelques petites paramécies et quelques grands vibrions résistent seuls à 50°. Après cinq minutes, tout est mort à 55 ; les œufs spontanés des paramécies en gyration sont aussi absolument morts. »

12

Enfin, pour répondre à la question soulevée par M. Milne Edwards au sujet de la résistance que les Kolpodes enkystés peuvent opposer aux températures humides, M. Victor Meunier entreprit toute une série d'expériences et lut à l'Académie des sciences un Mémoire fort important qui démontre, sans conteste, que ces organismes sont « tués par l'ébullition. »

Il se servit pour ses recherches de la poussière que le foin abandonne, lorsqu'on le secoue, s'assura qu'elle contenait un grand nombre de kolpodes enkystés, uniformément distribués et procéda aux expériences suivantes dans chacune desquelles il employa 50 centigrammes de poussière et 40 centimètres cubes d'eau.

« Deux matras, contenant les doses sus-dites d'eau et de poussière, sont portés et maintenus pendant dix minutes à 100 degrés. Un examen microscopique attentif, plusieurs fois renouvelé pendant une durée de 24 heures, montre que ces décoctions ne contiennent pas de microzoaires ciliés ; on n'y trouve même aucune trace de kystes : l'ébullition les a détruits. »

L'expérience renouvelée, soit en ne maintenant l'ébullition que cinq ou deux minutes, soit en retirant les matras du feu au moment même où cette température est atteinte, lui donna les mêmes résultats. Il s'arrêta ensuite successivement à 95, à 70, à 65 ou à 60 degrés et ne put observer aucun microzoaire cilié, même en prolongeant l'examen pendant 44, 45 et 47 heures. Au contraire, il obtenait un résultat positif, après quelques heures seulement, lorsqu'il ne chauffait qu'à 40 ou 45 degrés.

Or, il est parfaitement reconnu par tous les physiologistes que les microzoaires enkystés acquièrent, sous cet état, la résistance la plus grande à l'action de la chaleur ; nous sommes donc en état de conclure aujourd'hui qu'*aucun infusoire cilié ne peut résister à l'ébullition.*

Lorsque M. Meunier laissait un peu de poussière macérer dans de l'eau, le liquide était en quelques instants peuplé non-seulement de kolpodes, mais de bactéries et de vibrions, et il n'en put cependant jamais constater la présence à la suite de ses expériences de chauffage. Il devient donc évident que ces organismes, tout à fait inférieurs, sont soumis à la même loi que les autres.

Il nous reste, pour terminer cette étude, à déterminer la limite de la résistance des graines ou spores placées dans ces mêmes conditions.

Les expériences de Bulliard, d'Hoffmann, de Pouchet et de Wyman prouvent, avec la même évidence, que l'ébullition détruit les spores des végétaux inférieurs. M. Pouchet ayant mis dans de l'eau des spores d'un « Ascophore », et ayant porté le liquide à l'ébullition, reconnut qu'au bout

Penicillium Glaucum.

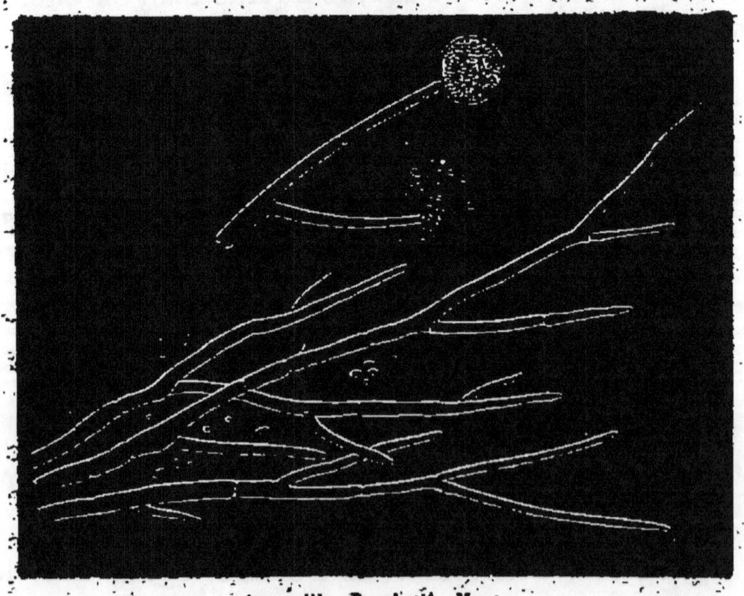

Aspergillus Pouchetii. Mont.

d'un temps très court, d'une minute parfois, elles

étaient complètement désorganisées, et il constata le même phénomène relativement aux spores du « Penicillium glaucum » et à celles des « Aspergillus ».

Il ne s'agit donc plus de se renfermer dans des allégations vagues et indécises, ni d'opposer des arguments toujours indirects aux résultats obtenus par les hétérogénistes. Le mot germe a fait son temps; il s'agit aujourd'hui d'œufs et de graines (l'expression *spore* ne signifie pas autre chose).

Or, on les connaît, ils sont décrits, mesurés, et les températures extrêmes qu'ils peuvent braver sont toujours déterminables et, pour la plupart d'entre eux, déterminées.

PREUVES A CIEL OUVERT.

~~~~~~~~~~

« J'ai toujours cru à la génération spontanée, dit Mantégazza, mais, après avoir visité Pouchet dans son laboratoire, après avoir vu ses expériences et l'exactitude avec laquelle il les fait, après avoir vu les ingénieux appareils qui lui ont servi, j'avoue que je crois à l'hétérogénie deux fois plus encore. » Ce qui frappa le plus l'illustre physiologiste auquel nous empruntons ces paroles, ce sont les expériences qui, n'entravant pas la marche régulière des phénomènes, n'en permettent que mieux de saisir la nature sur le fait et fournissent à la cause de l'hétérogénie les arguments les plus décisifs.

Nous avons observé, sous le microscope, l'apparition de l'œuf spontané, nous l'avons suivi dans son développement, nous l'avons vu éclore sous nos yeux; nous allons maintenant constater *expérimentalement* sa genèse spontanée hétérogénique.
~~~~~~~~~~

Dans une cuvette en porcelaine à fond plat, rapporte M. Pouchet, on versa de la colle de farine de blé bouillante, de manière à former une couche d'un centimètre d'épaisseur. Quand cette colle commença à se figer, avec un pinceau imbibé d'une forte macération de poudre de noix de galle, préalablement filtrée, on écrivit ces mots à la surface de la pellicule : *Generatio spontanea*. L'appareil fut ensuite abandonné à lui-même pendant quatre jours, après avoir été recouvert d'une lame de

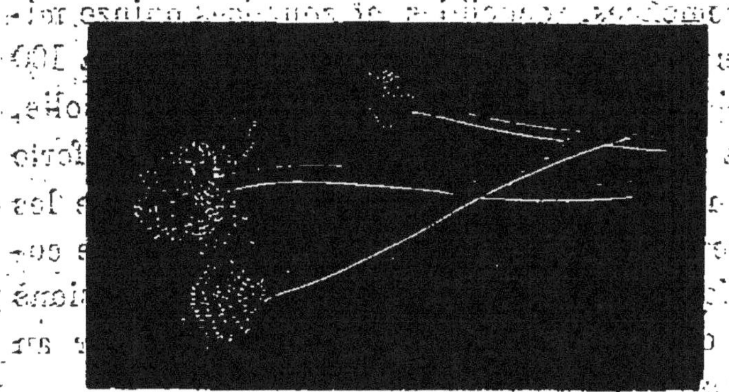

Aspergillus primigenius. Pouch.

verre. Au bout de ce temps, la température ayant été de 24 degrés en moyenne, et la pression de 0,76, les mots *Generatio spontanea* se dessinèrent sur la colle en caractères d'un beau noir, formés par des touffes serrées d'un champignon microscopique absolument inconnu, que j'appellerai *Aspergillus primigenius*. Celui-ci s'est uniquement développé sur les lettres tracées avec la noix de galle. Le reste de la colle ne présente encore aucune végétation, et sa surface, explorée les jours précédents, n'a offert aucune trace des séminules de la plante qui reproduit les deux mots.

M. Pouchet conserve, au Muséum de Rouen, cet *Aspergillus* nouveau, dont les tigelles sont simples, cylindriques, non articulées et dont les capitules sont du plus beau noir.

La [genèse spontanée hétérogénique peut seule expliquer l'apparition de ce champignon. En effet, ses semences, recueillies et soumises quinze minutes à une température humide inférieure à 100 degrés, se sont totalement désorganisées ; la colle, qui a été employée bouillante, eût à plus forte raison produit sur elles le même effet, si elle les eût renfermées. D'un autre côté, elles ont une coloration brune trop apparente et des dimensions trop considérables ($0^{mm},0028$) pour échapper au microscope.

Dira-t-on qu'elles ont été apportées par la macération de noix de galle ? M. Pouchet a prévu l'objection ; aussi, ne l'a-t-il employée qu'après en avoir fait l'examen microscopique et l'avoir filtrée.

Objectera-t-on, enfin, qu'elles flottaient dans l'air ? Mais, elles se seraient alors également réparties et non pas exclusivement sur les points imbibés de la macération.

De nombreuses expériences ont été entreprises

par M. Pouchet, dans le but de démontrer que les
germes (œufs ou spores) des organismes obtenus
dans les expériences d'hétérogénie ne proviennent
ni du corps putrescible, ni de l'eau, ni de l'air.

Tréviranus, en 1822, démontra que les mêmes
substances fournissent des espèces différentes
lorsque viennent à varier les conditions dans lesquelles elles se trouvent, et, deux ans plus tard,
Bory de Saint-Vincent confirma cette assertion.
« Que l'on choisisse, dit-il, pour faire l'expérience,
une plante propre au Canada, par exemple ; qu'a-
près l'avoir soumise à l'expérience, et quand elle
a produit des animalcules, on en mêle l'infusion
avec celle d'un végétal de l'Inde ou de la Nouvelle-
Hollande, et qu'il en résulte, comme la chose ne
manquera pas d'arriver, quelque infusoire qui ne
se trouvait ni dans l'un ni dans l'autre de ces deux
liquides, n'aura-t-on pas opéré une véritable création, un être que la nature n'avait pas arrêté dans
son plan primitif ? » Il est si vrai que le corps putrescible n'apporte pas les germes ; que la forme
seule du vase dans lequel on opère peut faire varier l'espèce animale ou végétale obtenue. Une
même substance placée dans des matras de formes
différentes donne, dans chacun d'eux, des organismes ordinairement distincts.

L'eau n'est pas davantage le véhicule de germes. On peut, en effet, la porter pendant plusieurs

heures à l'ébullition; comme on peut soumettre à de très hautes températures le corps solide sans arrêter la production d'organismes. L'eau distillée, elle-même, ou l'eau produite artificiellement dans le laboratoire du chimiste, par la combinaison de l'hydrogène et de l'oxygène, donne des résultats identiques.

Mais ne serait-ce pas l'*air* qui charierait les germes et peuplerait les infusions?

Nous avons précédemment fait l'analyse microscopique de ce fluide et constaté l'absence normale d'œufs et de spores. Ce que l'observation nous a démontré, l'expérience le confirme. Il se produit, d'ailleurs, des infusoires dans de l'air artificiel obtenu par un mélange d'oxygène et d'azote. Mais les quelques expériences qui vont suivre suffiront pour réduire à néant les prétentions de ceux qui regardent l'air comme le disséminateur universel des graines et des œufs.

Le docteur Joly expose à l'air libre, dans son laboratoire, des plaques de verre enduites de glycérine, et, deux mois après, il les examine au microscope sans y rencontrer aucun œuf d'infusoire, aucune spore de mucédinée.

Il verse ensuite dans une éprouvette (on appelle ainsi un vase cylindrique à pied, dont la hauteur l'emporte de beaucoup sur le diamètre) une certaine quantité d'eau de puits additionnée de feuilles d'*aster*, et la recouvre d'une soucoupe retournée que surmonte un petit vase rempli d'eau distillée.

Le lendemain, il constate la présence dans l'éprouvette d'une énorme quantité de *Bactéries*. Deux jours après, celle des *Monades*, et le quatrième jour, il aperçoit des *Colpodes* et des *Paramécies*.

Remarquons que les infusoires primaires précèdent les microzoaires ciliés. Ce fait est constant.

Au bout de huit jours d'attente, aucune spore, aucun œuf, aucun infusoire n'est apparu dans le vase supérieur qui, exposé librement à l'air, devrait cependant, dans l'hypothèse des panspermistes, être le plus peuplé.

On dira peut-être que l'eau distillée n'est pas apte à la vie des microscopiques ? Mais M. Joly démontra en 1862, dans ses *Etudes physiologiques sur l'hétérogénie*, que « des infusoires ciliés ou nus pouvaient vivre pendant plusieurs jours dans de l'eau distillée et que, par conséquent, leurs germes pourraient et devraient s'y développer s'ils y étaient apportés par l'air atmosphérique. » Il a enfin répondu, ici, d'une manière toute directe à l'objection en introduisant dans le liquide resté stérile un certain nombre d'infusoires ciliés et non ciliés, et en constatant encore, quatre ou cinq jours après, la présence d'un certain nombre d'entre eux parfaitement vivants.

Cette expérience, à elle seule, ne démontre-

t-elle pas que les organismes produits ne proviennent pas de l'air? Nous la ferons suivre de quelques autres encore, ne voulant
pas que le plus léger doute reste
dans l'esprit du lecteur.

MM. Joly et Ch. Musset mon-
tent un appareil de Woolf composé, comme chacun sait, d'un
certain nombre de flacons com-
muniquant entre eux.

Ils remplissent leurs flacons à
moitié d'eau distillée et d'une
quantité *variable* pour chacun
d'eux, de substance fermentescible, à l'exception du vase du
milieu qui ne contient que de
l'eau pure. Ils renouvellent,
plusieurs fois dans la journée,
l'air contenu dans l'appareil et
huit jours après, ils examinent
son contenu.

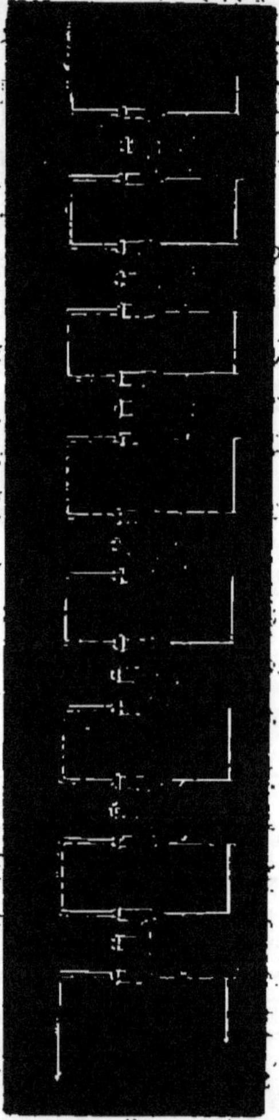

Or, ils trouvent la population
de chaque flacon en rapport exact
avec la quantité de matière fermentescible introduite et consta-
tent l'absence complète de vie

Appareil de Woolf.

dans celui qui ne contient que de l'eau.

Ils en concluent donc, avec raison, que la quan-

tité de vie est proportionnelle non pas au volume
d'air introduit mais bien à la quantité de substance
putrescible mise dans les flacons, ce qui est encore
contraire aux assertions des panspermistes.

Donnons maintenant la parole à M. Pouchet.
« Je prends, dit-il, une éprouvette et je la remplis
d'une macération filtrée (très-légère), propre à engendrer de gros microzoaires ciliés. Je prends
ensuite une large cuvette en cristal, à fond très

plan, et je verse dedans une égale quantité de la
même macération qui remplit l'éprouvette. Celle-
ci est ensuite placée au milieu de la cuvette. Le
tout est mis enfin sous une cloche plongeant dans
l'eau pour modérer l'évaporation.

« Au bout de quatre à cinq jours, par une température de 20 degrés en moyenne, l'éprouvette
présente une membrane proligère épaisse et rem-

plie de microzoaires ciliés. La cuvette, au contraire, n'offre qu'une membrane proligère à peine apparente, arachnoïde et ne contient *aucun microzoaire cilié.* »

Comment, si les infusoires ou leurs œufs tombaient de l'air, le liquide de l'éprouvette centrale en serait-il seul dépositaire ? Ce résultat s'explique parfaitement, au contraire, par l'hétérogénie.

M. Pouchet vient-il à augmenter, dans cette expérience, le volume du liquide contenu dans la cuvette et à diminuer celui de l'éprouvette, il constate alors un résultat inverse au précédent : quelques monadaires seulement dans l'éprouvette et les microzoaires ciliés dans le vase périphérique.

Le physiologiste rouennais oppose encore à ses antagonistes une expérience non moins décisive, également à l'abri de toute objection et également aussi restée sans réponse.

« On prit une cuvette en cristal, de trente centimètres de diamètre, lavée avec de l'acide sulfurique et elle fut remplie d'eau distillée bouillante. On plongea dans celle-ci dix grammes de filaments de lin chauffés à 150 degrés pendant deux heures. Cette cuvette fut ensuite recouverte d'une cloche et placée au centre d'une autre grande cuvette de cinquante centimètres de diamètre, *remplie d'eau distillée.* Après quatre jours, dont la température fut en moyenne de 28 degrés, on trouva la macé-

ration de lin encombrée d'une prodigieuse quantité
de Paramécies et l'on ne découvrit pas un seul
de ces animaux, ni un seul de leurs œufs, dans la
grande cuvette au centre de laquelle l'autre était
placée.»

Discutons le résultat de cette expérience et pour
cela, plaçons-nous toujours au point de vue des
panspermistes.

Dans le cas où les paramécies ou leurs œufs
proviendraient de l'air, le grand vase en contien-
drait également, ce qui n'a pas lieu. Les œufs des
Paramécies sont connus ; leur diamètre, alors
qu'ils sont encore contenus dans la mère, présente
déjà un centième de millimètre, ils ne peuvent
donc passer inaperçus.

Il ne se peut pas que le hasard ait fait tomber
dans le vase central, une ou deux paramécies qui
se seraient multipliées par génération sexuelle,
car, l'accouplement seul de ces animaux dure cinq

jours ; ou, par scissiparité, car ce phénomène serait fort apparent et, dans tous les cas, les infusoires pour se diviser doivent être adultes tandis que les paramécies dont il s'agit, étaient encore incomplètement développées.

On ne peut pas non plus admettre l'hypothèse de germes même métaphysiques, dernier argument d'un panspermiste battu. Qu'on les suppose, en effet, aussi invisibles que l'on voudra, ils tomberaient aussi bien dans le grand vase que dans le petit qui y est contenu, ils s'y développeraient, finiraient par tomber sous nos sens, écloraient enfin et s'agiteraient un certain temps dans le liquide puisque MM. Joly et Musset ont fait voir que les microzoaires pouvaient vivre plusieurs jours dans l'eau distillée.

Enfin, les 150 degrés supportés pendant deux heures par les dix grammes de lin, excluent toute idée que les œufs étaient contenus dans le corps putrescible.

Ainsi donc, les résultats obtenus par MM. Pouchet, Joly et Musset, sont tous favorables à l'hétérogénie. L'expérience suivante de M. Mantegazza vient également à l'appui de cette thèse.

Ayant pris un tube en U, le savant italien, mit dans une de ses branches une décoction de farine de blé et dans l'autre, de l'eau et un fragment d'utérus de fœtus. Trois semaines après, la décoction de blé avait produit une abondante quantité de Penicilliums glaucum et pas un infusoire; au contraire, la macération d'utérus était remplie de longs vibrions et de bactéries, sans traces aucunes de spores. Combien cette expérience est décisive, observe l'auteur lui-même, « de deux liquides séparés l'un de l'autre par quelques lignes seulement et baignés par un seul centimètre cube d'air, l'un produit un monde végétal, et l'autre un monde animal, qui vivent l'un à côté de l'autre, sans se mêler, sans se confondre. Qui oserait dire que quelques bulles d'air renfermaient les œufs et les sporules de tant d'animaux et de plantes ? »

Une dernière série d'expériences, inaugurée par les résultats obtenus par M. Pasteur à l'aide de ballons à col tortueux, terminera ce chapitre et nous amènera insensiblement aux épreuves en vases clos.

M. Pasteur soutient que l'air contenu dans des ballons à cols tortueux et effilés à la lampe se renouvelle lentement et que l'air extérieur en y pénétrant peu à peu, laisse déposer dans les courbures, les germes qu'il contient, de sorte que les liquides putrescibles qu'on y a introduits restent fatalement et indéfiniment stériles s'ils ont été euxmêmes privés de leurs germes.

Ce chimiste se fonde, pour cela, sur l'expérience suivante. Il mit dans deux ballons à cols

tortueux, une même liqueur préalablement bouillie, de l'eau sucrée albumineuse par exemple. (Il
suffit, pour cela, de plonger dans le liquide le col
capillaire du ballon dont on a raréfié l'air par la
chaleur). Il porte une seconde fois à l'ébullition,
le contenu de l'un d'eux seulement. Et, vingt-
quatre ou quarante-huit heures après, le liquide
non rebouilli s'est couvert de mucors divers,
tandis qu'au bout de plusieurs mois, de plusieurs
années, le second ballon était encore stérile.

Ce résultat s'explique, selon lui, de la manière
suivante : dans le premier cas, le liquide s'est
trouvé au contact d'un air rempli de germes, de
là sa fertilité ; dans le second, au contraire, les
œufs et les spores entrés précipitamment avec
l'air, lorsque le vide s'est produit dans le ballon au
moment où on a arrêté l'ébullition, ont été tués
par la température encore fort élevée du liquide et
ceux qui, dans la suite, tendaient à s'y introduire
au sein d'un air calme, sont restés, en vertu de
la pesanteur, dans les courbures du col. D'où, cette
conclusion : la liqueur non ensemencée reste stérile, elle est donc incapable de produire par elle-
même le moindre infusoire, la moisissure la plus
élémentaire et, l'inanité de l'hétérogénie saute aux
yeux.

Comprend-on l'effet que doit produire sur un auditoire peu versé dans ces sortes de recherches

une explication aussi saisissante ? Au moment surtout où le professeur peut lui dire, d'une voix ferme et assurée : « le liquide de ce ballon restera complètement inaltéré, non pas deux jours, non pas trois, non pas quatre, non pas un mois, une année, mais trois ou quatre années, car l'expérience dont je vous parle a déjà cette durée. »

Il paraît cependant que MM. Joly, Musset et Pouchet ne se sont pas tenus pour satisfaits. Il paraît même qu'à Toulouse et à Rouen les choses ne se passent pas comme à Paris car, tandis que MM. Joly et Musset voient, constamment, des végétations microscopiques se former dans les vases à col tortueux où ils renferment un liquide suffisamment putrescible porté à l'ébullition *avant et après* son introduction dans l'appareil, le physiologiste rouennais obtient dans son laboratoire, des résultats identiques.

« Ayant, dit-il, rempli à moitié d'urine fraîche un ballon d'un décimètre cube de capacité, on adapta au col de celui-ci un tube recourbé en bas, et offrant dix boules entre lesquelles il y avait autant de rétrécissements, disposition très-propre à arrêter tous les corps légers, les œufs ou les spores, qui tendraient à pénétrer dans l'appareil. L'urine fut portée à l'ébullition pendant cinq minutes, et l'air ne rentra ensuite dans le ballon qu'en traversant la route ascendante et tortueuse qui lui était offerte. Après un mois dont la température moyenne avait été de 20°,5 la surface de l'urine était envahie par des Mucorinées. »

M. Pasteur ayant déclaré lui-même, qu'une ébullition de *deux à trois minutes* suffit pour rendre l'urine stérile ; ayant ajouté même, que tout le portait à croire que l'on pourrait prendre moins de précautions encore pour priver de vie ultérieure dans l'urine les germes qui y sont tombés depuis le moment où elle a été émise ; il aurait mauvaise grâce à objecter que les spores de ces cryptogames préexistaient dans le liquide et ont résisté à l'ébullition qui a duré jusqu'à *cinq minutes*.

« J'ai exécuté la même expérience, dit M. Pouchet, avec du lait et de la colle, et en faisant en plus traverser à l'air une masse de coton, et j'ai toujours obtenu le même résultat. Dans une expérience faite avec de la colle de farine portée à 100° dans le ballon et dans les conditions prescrites dans l'expérience précédente, ce ne fut qu'après six mois que la colle fut envahie par des *Penicilliums*. »

En exécutant des expériences semblables, M. Victor Meunier est arrivé à un résultat digne de remarque. Non-seulement il vit apparaître des *Aspergillus* dans des circonstances où, d'après M. Pasteur, il ne devrait rien se produire, mais

Il obtint ainsi une espèce nouvelle, à laquelle il donna le nom d'*Aspergillus Pastorii.*

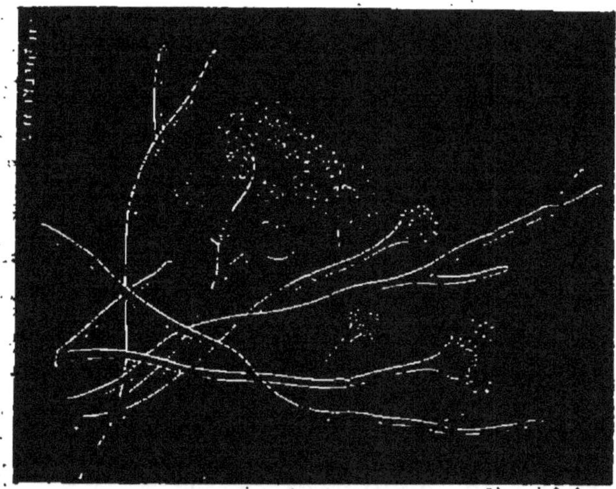

Aspergillus Pastorii. Mcun

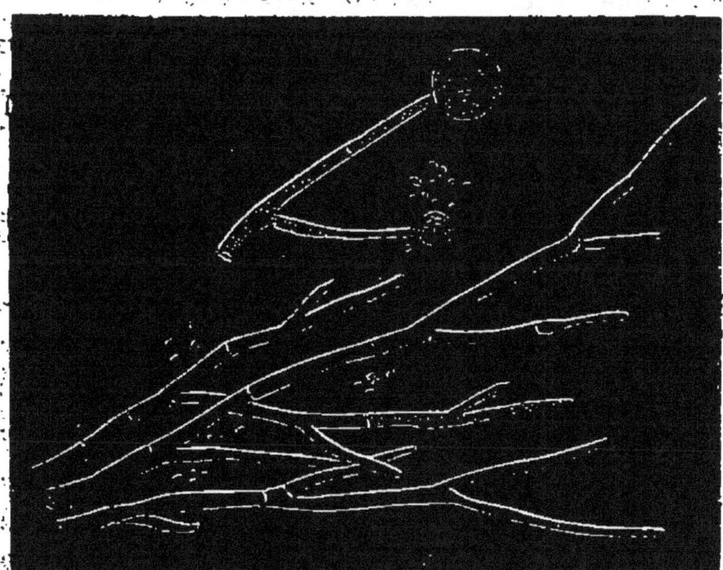

Aspergillus Pouchetii. Mont.

Ce végétal diffère de l'*Aspergillus Pouchetii* dont

les têtes sont sphériques, par des têtes pyriformes et déprimées en-dessus. Il est plus petit et excessivement rameux, ce qui lui avait d'abord fait assigner par M. Pouchet les dénominations de *minutus* et de *ramosus* ou *corymbosus*.

Ainsi donc, une même expérience donne aux défenseurs de l'hétérogénie, un résultat diamétralement opposé à celui qu'obtient l'avocat de la panspermie. Il importe de rechercher la cause de cette contradiction apparente.

Apparente, en effet, car les prémisses différant, la conclusion ne saurait être identique.

Ceux-là seuls qui se livrent journellement à ces sortes de recherches savent combien elles sont délicates et seuls aussi connaissent assez les conditions favorables ou contraires à la genèse spontanée, pour prévoir à l'avance le résultat d'une expérience.

Que faut-il donc pour arriver à la conclusion de M. Pasteur?

Choisir un liquide légèrement putrescible et prolonger suffisamment l'ébullition pour lui enlever toute vertu de transformation. M. Pasteur le sait bien. Ne dit-il pas lui-même que le point faible de son travail consiste en ce que toutes ses expériences s'appliquent à des matières cuites et privées par l'ébullition de leurs vertus de transformation?

Que faut-il, maintenant, pour obtenir les résultats de MM. Pouchet, Joly et Musset?

Choisir un liquide suffisamment putrescible. Ne prolonger que peu de temps l'action de la chaleur. Il est des substances, telles que l'urine, dont l'ébullition, d'après les panspermistes, détruit en quelques minutes les germes qu'elles sont supposées contenir, on se soustrait en les choisissant, à l'accusation de n'avoir point anéanti la résistance vitale de ces derniers. S'apercevoir, enfin, qu'une expérience de ce genre, présente quelques uns des inconvénients de celles exécutées en vase clos, s'attendre, dès lors, à ce que la production d'organismes soit retardée et savoir attendre.

Le résultat obtenu par M. Pasteur ne fait que confirmer ce que les hétérogénistes savaient déjà des conditions de la genèse spontanée et les conclusions qu'il en tire n'en découlent nullement.

Son expérience était pourtant, à ses yeux, destinée à un avenir tout autre. « Jamais, s'écriait-il, en 1864, la doctrine de la génération spontanée ne se relèvera du coup mortel que cette simple expérience lui porte. »

M. V. Meunier, frappé des résultats opposés obtenus par MM. Pasteur, d'un côté; Joly, Musset et Pouchet, de l'autre, se mit lui-même à l'œuvre et vint, en 1865, confirmer devant l'Académie des Sciences, les assertions des hétérogénistes.

Mais, il s'était servi d'un ballon dont le bouchon portait plusieurs tubes qui, après s'être pliés deux fois, redescendaient jusqu'à l'équateur du ballon en décrivant de six à dix courbures et M. Pasteur répliqua : « lorsqu'on veut avoir dans un appartement un libre courant d'air, on n'ouvre pas seulement une fenêtre, mais deux, et de préférence placées à peu près vis-à-vis l'une de l'autre. Comment M. Victor Meunier n'a-t-il pas vu qu'avec neuf ou dix ouvertures, le moindre mouvement de l'air, dans la pièce où sont conservés ses matras, aura inévitablement son contre-coup jusque dans l'intérieur de ces matras, et que l'air extérieur pourra y pénétrer en nature avec toutes ses poussières ? »

Enfin, voilà une objection, et une objection directe ; elle ne concerne point l'expérience de M. Pouchet qui reste incontestée, mais elle est de nature, avouons-le, à infirmer, si elle est sérieuse, celle de M. Meunier.

Malheureusement, elle ne repose sur rien, et l'expérience vient démontrer, une fois de plus, le peu de valeur des raisonnements et des affirmations *à priori*.

En effet, M. Meunier répondit à M. Pasteur l'expérience en main, et le mit au courant de faits dont il ne se doutait guère.

« Avant de procéder à l'expérience des ballons à cols multiples, dit-il, j'ai pris un ballon de six litres, muni de deux de mes tubes, et l'ayant placé le col en bas, j'ai introduit un index liquide dans la branche horizontale de l'un des tubes. Cela fait, et l'index se montrant très mobile, l'air de la chambre fut violemment agité au moyen d'un écran : l'index, observé avec soin, ne bougea pas. On agita l'écran tout près de l'ouverture des tubes : rien. On imprima à la porte de la chambre un mouvement rapide de va-et-vient : rien encore. On plaça l'appareil entre la porte et la fenêtre ouvertes : toujours rien. La fenêtre restant ouverte, on fit aller et venir la porte comme précédemment : rien. C'est ainsi que les faits confirment cette savante prévision, que le moindre mouvement de l'air dans la pièce où sont conservés mes matras aura inévitablement son contre-coup dans l'intérieur de ces matras. »

En présence de tels résultats, obtenus par des expérimentateurs aussi autorisés que MM. Pouchet, Joly, Musset et Meunier, que penser de la conclusion de M. Pasteur ? Les premiers démontrent directement l'hétérogénie en se plaçant dans les conditions mêmes qui doivent, selon M. Pasteur, en prouver l'inanité. M. Pasteur n'apporte aucun argument sérieux contre elle. Il met simplement en relief quelques-unes des circonstances défavorables à la production des protoorganismes. A ce point de vue, son expérience est capitale, et les hétérogénistes ne manqueront pas de l'invoquer chaque fois qu'ils rédigeront un chapitre sur les conditions de la genèse spontanée.

« Que répondre, écrivait cependant, tout dernièrement encore, M. Laugel, à une expérience aussi concluante que celle de M. Pasteur ? » M. Laugel n'a donc pas pris la peine de se mettre au courant de la question ?

Ce chapitre était destiné à confirmer, par l'expérience à ciel ouvert, ce que nous avaient déjà démontré, l'observation directe et l'analyse microscopique de l'air. Nous allons terminer notre série de preuves par les résultats que fournissent les expériences exécutées en vases clos.

PREUVES A HUIS CLOS.

Nous avons jusqu'ici démontré l'hétérogénie par l'observation directe, sous le microscope ou à l'aide d'une expérimentation dans laquelle la marche normale des phénomènes n'était nullement entravée.

Mais la vie apparaît souvent encore, quoique amoindrie, dans les conditions même les plus défavorables à sa manifestation.

Ceux qui, à aucun prix, ne veulent admettre la genèse spontanée, affectionnent ce genre d'expérimentation en feignant d'ignorer que le fait brutal n'a de valeur en science que lorsqu'il a été interprété rationnellement et soumis à une critique rigoureuse. Ils appellent à leur aide le feu, l'eau ou l'huile bouillante, l'air calciné, le vide et, chose surprenante, le résultat n'est pas toujours négatif. Ces expériences culinaires viennent elles-mêmes, lorsqu'elles sont bien conduites, fournir à la cause de l'hétérogénie des arguments puissants.

L'habile chimiste, dans les ballons duquel la *Panspermie*, ruinée, cherche encore un dernier refuge, n'opère qu'à l'aide de substances cuites, recuites et soigneusement renfermées dans des matras bien clos et fermés à la lampe. Il connaît cependant fort bien tous les inconvénients de ce mode d'expérimentation. « Si les partisans de l'hé-
» térogénie, écrivait-il un jour, avaient plus de
» sagacité, ils auraient vu que le point faible de
» mon travail consistait en ce que toutes mes ex-
» périences s'appliquaient à des matières cuites ;
» ils auraient dû réclamer de mes efforts un dis-
» positif d'épreuves permettant de soumettre à un
» air pur des substances naturelles, telles que la
» vie les élabore, et à cet état où l'on sait bien
» qu'elles ont des vertus de transformation que
» l'ÉBULLITION DÉTRUIT. »

M. Pasteur a parfaitement raison, mais il prouve, une fois de plus, par le reproche qu'il adresse aux hétérogénistes, qu'il ne lit pas les œuvres de ses adversaires. Ce qu'il les accuse de n'avoir point remarqué, Needham le disait déjà à Spallanzani ; Bonnet lui-même le mit en évidence en montrant que les grosses espèces d'infusoires n'apparaissent jamais dans les vases hermétiquement clos ; M. Pouchet, enfin, a mille fois accusé ses expériences perturbatrices d'entraver toute genèse organique.

M. Pasteur comprend que « Needham ne pou-
» vait, en toute justice, abandonner sa doctrine en
» présence des travaux de son adversaire » et de
son propre aveu, il tombe dans la même cause
d'erreur que Spallanzani !...

Ce qui prouve bien que les expériences à huis
clos sont incapables, à elles seules, de résoudre la
question des générations spontanées par les entraves qu'elles apportent à l'apparition de la vie,
c'est que si l'on partage une macération de foin en
deux parties et que l'une soit placée dans un ballon
fermé à la lampe et l'autre isolée sous une cloche,
toutes les deux se trouvant en contact d'une égale
quantité d'air ordinaire, *aucun infusoire cilié n'apparaît dans le ballon, tandis que l'autre portion du
liquide en contient en abondance.*

« Les expériences exécutées dans des vases
clos, dit Mantégazza, ne persuaderont jamais personne, car il y en aura toujours dans lesquelles
on aura des Infusoires ou des Moisissures, et d'autres dans lesquelles on ne verra naître aucun être
vivant. Les panspermistes diront que partout où
il apparaît des organismes, c'est que, par inad-
vertance, on y a introduit des germes. Quand il
n'y en aura pas, leurs adversaires s'écrieront vivement qu'on a tellement entravé les conditions de
la vie, que celle-ci est devenue impossible. »

Quoi qu'il en soit, nous ne pouvons les passer

sous silence. Elles ont servi à échaffauder l'hypothèse de la Panspermie et formé longtemps le point
de ralliement de ses défenseurs. Exécutées aujourd'hui avec plus de rigueur, elles donnent le
plus éclatant démenti au système qu'elles étaient
appelées à démontrer, et, soumises à une critique
sévère, elles peuvent encore fournir des arguments
sérieux à la cause de l'hétérogénie.

D'ailleurs, les résultats de M. Pasteur ont tous
été obtenus dans ces conditions, et on leur a fait
faire trop de bruit, dans ces derniers temps, pour
que nous omettions d'en parler.

La genèse spontanée se produit parfois, avons-
nous dit, dans les circonstances les plus défavorables en apparence à sa manifestation. Les organismes produits sont alors de la plus extrême
simplicité et dans ces conditions il suffit, on le
conçoit, de fort peu de chose pour entraver complètement la marche des phénomènes. Les expériences suivantes mettront ce fait suffisamment
en lumière. M. Pouchet introduit dans un ballon,
soit une décoction de foin ou de noix de galle,
soit de l'urine, de la bière, de l'albumine ou de la
colle de farine extrêmement légère ; il fait bouillir
pendant plus ou moins de temps (jusqu'à cinq
heures !) et lorsqu'il a acquis ainsi la certitude
que l'appareil est à 100°, il le ferme avec un bouchon en cristal traversé par un tube laveur con-

tenant de l'acide sulfurique (l'endroit où le tube est luté dans le trou du bouchon est silicatisé.) Il continue l'ébullition pendant près d'une demi-heure, laisse l'appareil se refroidir lentement puis, il l'abandonne à l'ombre et à une chaleur égale ou l'expose au soleil pour que l'air intérieur puisse se renouveler par les alternatives de température du jour et de la nuit.

Parfois M. Pouchet, pour hâter la marche des phénomènes, ajoute dans le liquide du ballon, un corps flottant, un petit morceau de bois par exemple. Les microphytes, en effet, se développent plus rapidement sur les corps émergés.

L'acide sulfurique du tube laveur est destiné à arrêter et détruire les prétendus germes dont les panspermistes encombrent l'atmosphère. Afin de se rendre compte de son action sur les infusoires, MM. Joly et Musset ont versé une goutte de cet acide hydraté, successivement dans 5, 10, 15 et 20 centimètres cubes d'eau peuplée d'infusoires divers.

Agitant alors le mélange, ils ont toujours constaté la mort instantanée de la totalité de ces infusoires jusqu'à la limite exclusive de 20 centimètres cubes pour une seule goutte d'acide.

Or, en opérant dans ces conditions, on voit toujours et au bout d'un temps assez court, apparaître dans le liquide du ballon des infusoires et des moisissures.

M. Pouchet a varié de diverses manières cette expérience capitale, MM. Joly et Musset également, et ils sont constamment arrivés au même résultat. Leur intention en instituant ces expérien-

ces était de contrôler les résultats obtenus en Allemagne par le docteur Schultz en 1837. Ce savant mettait des substances animales et végétales en contact avec de l'eau distillée dans une fiole à médecine munie de deux boules de Liebig dont l'une contenait de l'acide sulfurique et l'autre une solution de potasse. Puis il plongeait un certain temps la fiole dans l'eau bouillante et renou-

velait chaque jour l'air de son appareil en aspi-
rant avec la bouche par le tube à potasse. Il exa-
minait enfin chaque soir le liquide *à travers les
parois du vase* à l'aide d'un microscope, et il
affirme n'y avoir jamais pu constater d'organismes.

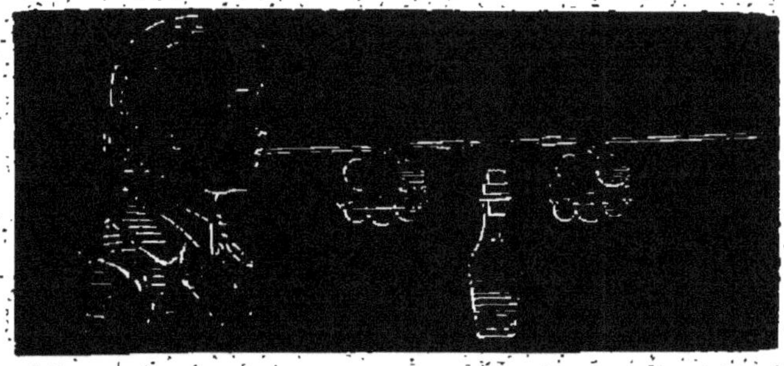

La puérilité d'une semblable expérience saute
immédiatement aux yeux, il est impossible, en
effet, d'apercevoir avec le microscope à travers
les parois d'une fiole à médecine, les organismes
qui peuvent s'y trouver d'autant plus que dans
ces circonstances, il ne se produit jamais que des
infusoires tout à fait inférieurs (des monades et des
vibrions) et jamais de microzoaires ciliés. D'ailleurs, l'expérience a contredit l'assertion du savant
de Berlin et personne aujourd'hui ne croit plus
devoir l'invoquer.

Lorsqu'en 1858, M. Lacaze-Duthiers vint réclamer sa part dans la protestation énergique de l'Académie contre les générations spontanées, il fit

valoir à l'appui de son opinion une expérience de M. J. Haime qui se rapproche beaucoup de celle de Schultz. Les mêmes critiques lui sont applicables et les hétérogénistes en ont démontré la non-valeur. Elle ne dòit donc pas nous arrêter.

L'air, nous l'avons vu, est nécessaire à la manifestation des phénomènes de genèse spontanée, mais il intervient si peu comme véhicule de germes qu'en l'employant après l'avoir brûlé, *calciné*, les résultats n'en sont pas moins les mêmes.

L'appareil que M. Pouchet emploie pour établir ce fait, « consiste en un ballon d'environ un litre de capacité, renfermant 150 centimètres cubes d'eau et dont le col allongé, placé horizontalement, supporte un robinet. Celui-ci communique avec un tube de porcelaine, bourré de fragments de la même substance, et qui traverse un brasier ardent; il est muni à sa terminaison de boules de Liebig remplies d'acide sulfurique. Le corps putrescible, renfermé dans un tube de verre à opercule, après avoir été chauffé pendant deux heures à 150 ou 200 degrés, est placé dans le col horizontal du ballon ; on met à l'aide d'une lampe, l'eau de celui-ci en ébullition pendant un quart d'heure afin de s'assurer que toute sa paroi a bien été portée à sa température. Alors la vapeur traverse le tube rougi à blanc et sort un moment par les boules de

Liebig, qu'on y adapte. Quand elle a été abon-
damment expulsée, on éloigne seulement un peu

la lampe du ballon, pour que l'air ne soit aspiré

qu'avec lenteur. Celui-ci rentre alors dans l'appareil en traversant d'abord l'acide sulfurique des boules de Liebig, puis le labyrinthe de fragments de porcelaine et de filaments d'amianthe contenus dans le tube et portés au rouge le plus ardent. Enfin, quand le ballon se retrouve à la température ambiante, en en inclinant le col, on plonge dans l'eau refroidie le tube contenant la substance putrescible. Le ballon est ensuite renversé, et, pour plus de sûreté, après avoir fermé le robinet, on enfonce celui-ci dans un bain d'huile préalablement chauffé à 150°.»

M. Pouchet a répété nombre de fois cette expérience en employant soit de la gélatine et du sucre, de l'urine, des filaments de lin, soit des tiges ou des racines de différents végétaux, et toujours, au bout d'un temps plus ou moins long, le liquide se troubla, puis se peupla d'infusoires ou se recouvrit de moisissures.

Exposées au contact de l'air ordinaire, ces décoctions auraient produit, en un temps fort court, des microzoaires ciliés d'une organisation fort compliquée, des colpodes, des paramécies, des vorticelles ; dans ces conditions, au contraire, les phénomènes se trouvant entravés par l'ébullition et par tout le cortége de précautions employées pour se garantir des prétendus germes du dehors, on ne voit apparaître que d'infimes animalcules, des monades, des bactéries, des vibrions; et cela parfois au bout de plusieurs mois seulement.

MM. Mantégazza, Joly, Musset obtiennent également des organismes dans l'air calciné ; Ingenhousz en voyait apparaître dans des appareils remplis d'air deux fois calciné, et dernièrement encore, le professeur J. Wyman, de Cambridje, dans une expérience célèbre, arrivait au même résultat. Il vit se peupler d'animalcules et de moisissures des liquides fermentescibles bouillis pendant deux heures à une pression de deux atmosphères, et contenus dans des ballons où l'air ne rentrait qu'après avoir été calciné dans des tubes en fer, capillaires, soudés aux cols et rougis à blanc.

S'il pouvait exister le moindre doute sur la purification de l'air qui a traversé les tubes rougis, le fait de la délimitation des organismes obtenus dans ces conditions suffirait pour le dissiper. Si les germes provenaient du dehors, il deviendrait absolument impossible d'ex-

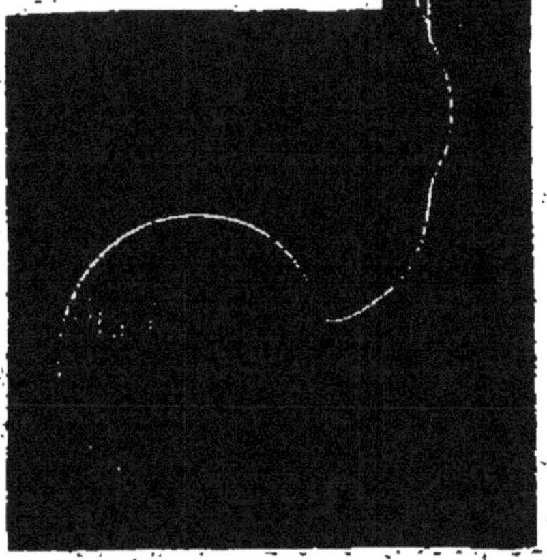

pliquer pourquoi on n'y voit jamais apparaître
que des animalcules d'un certain ordre.

M. Pasteur lui-même obtint des productions
organisées dans des liqueurs bouillies et mainte-
nues en contact avec de l'air brûlé. Mais il arrivait ainsi à des conséquences favorables à la doctrine des générations spontanées ; aussi se garda-
t-il bien de publier ses expériences et se mit-il à
la recherche de quelque cause d'erreur. Quatre
ans plus tard, il crut y être parvenu et n'hésita
plus alors à les révéler, en appelant l'attention sur
l'inexactitude de sa méthode d'expérimentation.

« Le 9 août 1857, dit-il, je prépare comme il
suit plusieurs ballons d'un quart de litre de capacité. Dans chacun d'eux, je place 80 centimètres
cubes d'eau de levure de bière sucrée très limpide, renfermant par litre 100 grammes de sucre
et 3 grammes de matière azotée et minérale empruntée aux principes solubles de la levure. J'étire
à la lampe le col des ballons, puis je porte le liquide à l'ébullition, et je ferme ensuite la pointe
effilée par un trait de chalumeau pendant l'ébullition, maintenue préalablement de deux à quatre
minutes. Je renverse ensuite successivement chaque ballon dans la cuve à mercure, au fond de
laquelle je brise leurs pointes; alors j'introduis dans
le premier ballon environ 70 centimètres cubes
d'oxygène préparé avec le chlorate de potasse, et

conduit dans un tube de porcelaine chauffé au rouge avant d'entrer dans le ballon. Dans le deuxième ballon, je fais arriver 50 centimètres cubes d'oxygène provenant de la décomposition de l'eau par la pile, et de production toute récente. Dans le troisième et le quatrième ballon, je fais passer de 50 à 60 centimètres cubes d'air ordinaire sortant d'un tube de porcelaine chauffé au rouge. Enfin, dans le cinquième ballon, j'introduis 50 centimètres cubes d'air ordinaire non chauffé. Je porte ensuite les cinq ballons dans une étuve à la température constante de 25 à 30 degrés, renversés sur le mercure dans des verres à pied.

» Le 13 août, il y a des productions organisées *dans tous les ballons*. Le liquide du premier était tout trouble, laiteux, par la présence d'une Torulacée en granulations très ténues réunies en chapelets. Le deuxième ballon est tombé dans la nuit du 15 au 16 août, parce qu'il s'est rempli de gaz par fermentation. Une étude microscopique des portions de liquide restées dans le verre y a fait reconnaître des globules de levure de bière. Les ballons 3, 4 et 5 offraient des touffes de moisissure flottant dans un liquide limpide. »

Ainsi qu'on vient de le voir, M. Pasteur s'était servi de la cuve à mercure pour introduire l'air dans ses ballons, et c'est à ce métal qu'il faut, selon lui, rapporter les résultats positifs que nous venons de signaler ; il va plus loin : *un seul glo-bule* peut introduire avec lui les germes des organismes les plus variés !....

Or, M. Pouchet, analysa la surface d'une cuve à mercure de son laboratoire et il y trouva les mêmes corps qui composent la poussière des habitations. Il y reconnut de la fécule en grande quantité, des parcelles de pain, des débris de végétaux, des filaments de laine et de soie, des fragments d'insectes, des cadavres de Tardigrades et d'Anguillules, *mais il n'y découvrit ni œufs ni spores*. Il examina ensuite la cuve d'un laboratoire de chimie et trouva à sa surface une énorme quantité de mercure oxydé, *mais presque aucun débris organique*; tout y est détruit par les acides ou les alcalis journellement mis en usage par les chimistes.

L'affirmation de M. Pasteur ne repose donc sur aucune preuve directe; elle est d'ailleurs entièrement démentie par l'expérience. Si après avoir, à l'exemple de M. Joly, écumé avec un verre parfaitement propre, la surface poudreuse d'une cuve à mercure et versé ainsi dans un autre vase un litre environ du métal, on lave le mercure avec un peu d'eau distillée, l'observation microscopique la plus minutieuse ne montre dans l'eau de lavage, devenue trouble, ni œufs d'infusoires, ni spores de moisissures, et cinq, six, vingt jours après, on ne parvient pas non plus à y constater la moindre trace de vie, même en laissant au fond du vase, par excès de précaution, une petite quantité de mercure.

D'un autre côté si l'habile chimiste « avait eu plus de sagacité », ou du moins, une connaissance plus exacte de l'état de la question, il n'aurait jamais songé à faire valoir un tel argument en présence des expériences de MM. Mantégazza, Wyman, Pouchet, Joly, Musset et Schaafhausen, dans lesquelles *ils n'emploient pas de mercure.* Mais M. Pasteur, dit Ezio Castoldi, ne daigne pas citer les expériences d'autrui, toutes les fois qu'elles peuvent infirmer les siennes propres, et, cette remarque est malheureusement trop vraie.

Ayant soin de tenir compte des conditions fondamentales de la genèse spontanée, ces savants provoquent toujours l'apparition de proto-organismes dans des liquides bouillis et mis en contact avec de l'air calciné. Seul M. Pasteur se croit en mesure d'affirmer que l'eau de levure sucrée, portée à l'ébullition pendant deux ou trois minutes, puis mise en présence de l'air qui a été rougi, ne s'altère pas du tout, même après dix-huit mois de séjour, à une température de 25 à 30 degrés. Laissons-le décrire lui-même l'expérience sur laquelle il s'appuie ; nous en apprécierons ensuite la valeur.

» Dans un ballon de 250 à 300 centimètres cubes, j'introduis 100 à 150 centimètres cubes d'une eau sucrée albumineuse, formée dans les proportions suivantes :

Eau   100
Sucre.   10
Matières albuminoïdes et minérales
   provenant de la levûre de bière.   . 0,2 à 0,7

« Le col effilé du ballon communique avec un tube de platine chauffé au rouge. On fait bouillir le liquide pendant deux à trois minutes, puis on le laisse refroidir complètement. Il se remplit d'air ordinaire à la pression de l'atmosphère, mais dont toutes les parties ont été portées au rouge ; puis on ferme à la lampe le col du ballon.

» Le ballon ainsi préparé est placé dans une étuve à une température constante voisine de 30°, il peut s'y conserver indéfiniment sans que le liquide qu'il renferme éprouve la moindre altération. »

Nous sommes ici, il ne faut pas l'oublier, en présence d'une expérience en vase clos, c'est-à-dire dans les conditions les moins favorables à la manifestation des phénomènes de genèse spontanée ; il n'y a donc rien d'étonnant à ce qu'un *liquide aussi peu putrescible* que celui qu'emploie M. Pasteur mis en contact avec un *volume d'air aussi restreint*, reste infécond. D'un autre côté, il faut une grande habitude pour saisir le moment juste où apparaissent les monades et les vibrions, le moment par conséquent où il convient de procéder à l'examen microscopique du liquide en expérience ; et l'habile chimiste ne nous paraît pas avoir tenu un compte suffisant de ce détail important. Il n'a donc à opposer qu'une épreuve entachée de causes d'erreurs aux expériences décisives et jusqu'alors inattaquées de huit ou dix savants.

Lorsqu'en 1837 le Dr Schwan faisait ses expériences avec l'air calciné , il fut frappé des résultats contradictoires auxquels il arrivait. Tantôt ses liqueurs se peuplaient d'organismes et tantôt elles restaient stériles, aussi, *ne crut-il devoir poser aucune conclusion.* Cependant, loin d'imiter cette sage réserve, les panspermistes , ne tenant compte que de ses épreuves *négatives* , invoquèrent jusqu'à ces derniers temps , l'autorité du savant allemand contre les générations spontanées. Le temps a fait justice de leurs prétentions.

Nous avons reproché à M. Pasteur d'employer, dans ses expériences avec l'air calciné des liquides trop peu fermentiscibles ; il importe de justifier notre remarque ce que nous ferons en invoquant les expériences de M. Pasteur lui-même.

« Reprenons, dit-il, notre ballon renfermant de l'eau de levure sucrée et de l'air calciné. Je supposerai que le ballon soit à l'étuve à 25° ou 30°, depuis un ou deux mois sans y avoir éprouvé d'altération sensible, preuve manifeste de l'inactivité de l'air chauffé dont il a été rempli sous la pression atmosphérique ordinaire. La pointe du ballon étant toujours fermée, je l'adapte, au moyen d'un tube en caoutchouc, à un appareil disposé comme il suit : T, est un tube de verre fort, de 10 à 12 millimètres de diamètre intérieur, dans lequel j'ai placé un bout de tube de petit diamètre *a*, ouvert à ses extrémités, libre de glisser dans le gros tube et renfermant une *petite bourre de coton chargée de poussières* ; R est un tube de laiton en forme de T muni de robinets, l'un de ces robinets communique avec la machine pneumatique, un autre avec un tube de platine chauffé au rouge, le troisième avec le tube T ; *cc* représente le caoutchouc qui réunit le ballon B au tube T. Lorsque toutes les parties de l'appareil sont disposées et que le tube de platine est porté au rouge par le calorifère à gaz figuré en G, on fait le vide, après avoir fermé le robinet

qui conduit au tube de platine. Ce robinet est ensuite ouvert de façon à laisser rentrer peu à peu
dans l'appareil de l'air calciné. Le vide et la rentrée
de l'air calciné sont répétés alternativement dix
ou douze fois. Le petit tube à coton se trouve
ainsi rempli d'air brûlé jusque dans les moindres
interstices du coton, mais il y a gardé ses poussières. Cela fait, je brise la pointe du ballon B, à travers le caoutchouc *cc*, sans dénouer les cordonnets,
*puis je fais couler le petit tube aux poussières dans le
ballon.* Enfin, je referme à la lampe le col du ballon qui est de nouveau reporté à l'étuve. Or, il
arrive constamment que des productions commen-

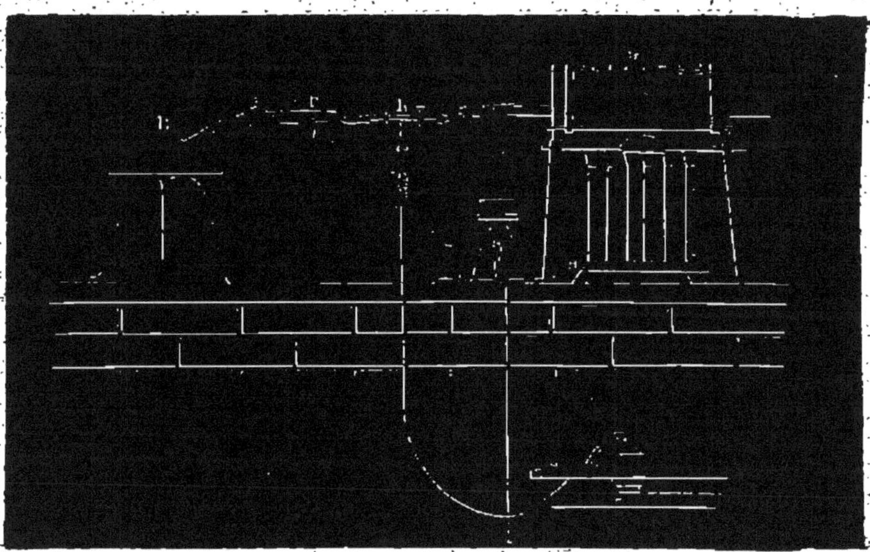

tent à apparaître dans le ballon après vingt-quatre,
trente-six ou quarante-huit heures au plus. »

Ainsi donc, M. Pasteur rend-il *plus fermentescible* une liqueur primitivement stérile, en y ajoutant un corps ordinairement riche en principes organiques décomposables, comme la poussière, ses ballons deviennent fertiles.

Telle n'est pas cependant la conclusion que M. Pasteur tire de son expérience. Il veut que la poussière ajoutée ait *ensemencé* sa liqueur en y apportant les germes des protoorganismes qui s'y sont développés. Cette thèse ne saurait être soutenue :

Parce que *sans être ensemencée*, une liqueur *suffisamment putrescible* est constamment fertile, ainsi que l'ont démontré après Ingenhousz, MM. Mantégazza, Joly, Musset, Pouchet et M. Pasteur lui-même dans son mémoire sur *l'origine des ferments*;

Parce que, l'examen microscopique de la poussière ne peut y faire normalement rencontrer ni œufs, ni spores ;

Parce que, la poussière introduirait indistinctement les germes des infusoires *ciliés* et *non ciliés* et que dans ces expériences on n'obtient jamais que des monades et des vibrions ;

Parce que, la poussière chauffée à 150°, a donné les mêmes résultats à M. Pouchet, et que cette température aurait désorganisé les œufs et les spores qui auraient pu s'y trouver ;

Parce que, sans employer ni poussière ni air atmosphérique, mais un corps putrescible et de l'oxygène ou de l'air artificiel, ce dernier expérimentateur a vu ses ballons se peupler d'animaux et de plantes.....

Mais, ne pourra-t-on pas dire que les germes préexistaient dans la liqueur, et que l'ébullition ne les a pas détruits? Évidemment non, car alors les liquides non ensemencés de M. Pasteur auraient été féconds.

Il est donc bien évident que la différence dans les résultats obtenus tient à la plus ou moins grande quantité de matière putrescible mise en expérience, d'autant plus que nous nous trouvons dans le cas présent, dans les conditions les plus défavorables à la production des phénomènes de genèse spontanée : nous opérons en vase clos, avec une substance légèrement putrescible, une quantité d'air calciné fort restreinte et des matières bouillies, c'est-à-dire d'après M. Pasteur lui-même, ayant perdu en grande partie « leurs vertus de transformation. »

Les résultats dont MM. Joly et Musset entretinrent l'Académie des Sciences en septembre 1862, confirment pleinement le jugement que nous venons de porter sur les expériences dites d'ensemencement.

« En *ensemençant*, disent-ils, des poussières par

le procédé de M. Pasteur, dans une décoction de viande bouillie deux fois et en contact avec de l'air calciné, nous avons obtenu ce que cet habile chimiste obtient lui-même, c'est-à-dire, des *Bac_téries* ou un *mycelium* rameux.

» Mais *sans rien ensemencer*, c'est-à-dire en nous servant de coton poudre aussi vierge que possible de corpuscules atmosphériques, nous avons vu des Bactéries et un mycelium apparaître aussi dans le ballon employé pour cette expérience.

» Enfin, le ballon *qui n'avait reçu que de l'air calciné*, mis en contact avec la décoction, ne nous a pas moins fourni une nombreuse population de *Bactéries*, résultat en opposition manifeste avec celui de Schwann, ainsi qu'avec ceux de M. Pasteur. »

D'ailleurs, une expérience d'ensemencement, ne saurait avoir de valeur qu'autant que l'espèce animale ou végétale obtenue, soit celle que l'on a ensemencée. Comme le remarque fort bien M. Pouchet, M. Pasteur *ensemence l'invisible et ne récolte que ce qui doit surgir spontanément*. Celà est si vrai, qu'en ensemençant des espèces bien déterminées, il en récolte d'autres. Le *Collarium melanospermum* par exemple, lui a donné le *Penicilium glaucum* qui en est si éloigné ; et l'ensemencement du *Mucor pygmeus* a produit le *Penicilium glaucum* et une espèce jusqu'alors inconnue !

Nous devons donc conclure des expériences précédentes, y compris celles de M. Pasteur, que la vie se produit encore, *bien qu'amoindrie*, lorsque la marche régulière des phénomènes n'est entravée que dans une certaine mesure. Plus elle est contrariée par l'ébullition, la calcination et le huis-clos, plus il faut, *par compensation*, employer un liquide fortement putrescible.

Mais, il faut si peu de chose pour changer la nature d'un liquide, pour entraver chez lui tout mouvement fermentescible ou lui communiquer des propriétés de transformation dont il semblait privé, qu'il est parfois difficile, devant une expérience exécutée en vase clos, de saisir la véritable cause d'un résultat négatif.

Une connaissance approfondie de la question et une habitude journalière des expériences d'hétérogénie, peuvent seule souvent nous mettre sur la voie. C'est ainsi, qu'au sein de la Commission des générations spontanées, les hétérogénistes ont pu immédiatement signaler les causes d'erreur d'une expérience que M. Pasteur exécutait devant eux.

Lorsque des infusions préalablement bouillies ou renfermées en vases clos, se peuplent d'infusoires, nous savons qu'il ne se produit que d'infimes monades et tout au plus des vibrions, mais jamais de microzoaires ciliés tels que Colpodes, Paramécies ou Vorticelles. Les hétérogénistes font valoir cet argument fondamental en faveur de leur cause, et M. Pasteur en a compris toute l'importance. « Cette remarque, dit-il, mériterait un examen sérieux, s'il était prouvé qu'une même liqueur donne, au contact de l'air ordinaire, de gros Infusoires, tandis qu'elle en fournit seulement de très petits dans un ballon en présence de l'air chauffé. *Mais*, ajoute-t-il, *cela n'est pas.* »

Celà n'est pas ? Ah M. Pasteur, dans quel oubli vous êtes des expériences qui ne sont pas de vous ! Mais, puisque vous reconnaissez l'importance de l'objection et que vous ne demandez que la preuve de son exactitude, prenez seulement connaissance de l'expérience suivante ; elle est de M. Pouchet et je la choisis entre mille. « Si vous partagez en deux portions une *macération* propre à donner des infusoires ciliés ; si l'une est introduite dans un ballon, *même avec de l'air ordinaire, et que l'on scelle celui-ci*, jamais il n'y apparait d'infusoires ciliés. Si vous placez, au contraire, l'autre portion sous une petite cloche dans *le même volume d'air isolé*, vous y trouverez des infusoires ciliés au bout de quatre à cinq jours. »

« L'ébullition, dit avec raison M. Pasteur, détruit les germes que les vases ou les matières de l'infusion ont apportés dans la liqueur. » Mais plus loin il ajoute : « le *lait* soumis à l'ébullition à 100, et abandonné au contact de l'air chauffé, sé-

remplit, après quelques jours, de petits infusoires, le plus souvent d'une variété de *vibrio lineola* et de *bacteriums*, et tout en conservant son alcalinité, il se caille » par le fait même du développement de ces infusoires.

Ce résultat n'a rien qui puisse surprendre les hétérogénistes, leurs expériences ont suffisamment démontré que les microzoaires de cet ordre apparaissaient dans les liquides bouillis mis au contact de l'air calciné ; mais il contrarie sensiblement les assertions précédemment émises par M. Pasteur qui se trouve en présence de deux alternatives : où, comme il l'avait déjà fait pour d'autres expériences, laisser celle-ci, inédite jusqu'au jour où il parviendrait à l'entacher de quelque cause d'erreur ; ou, risquer une explication qui pût cadrer avec la panspermie. Il s'arrêta à cette dernière et, sans tenir compte des notions les plus élémentaires de la physiologie, il ne craignit point d'avancer que rebelles à l'action de liquides bouillants, les œufs des animalcules microscopiques pouvaient braver une température qui cuit ceux d'une poule. « Les germes de ces infusoires peuvent résister à la température *humide* de 100°, dit-il, *lorsque le liquide où on les chauffe jouit de certaines propriétés.* » Dans le cas présent le résultat serait dû selon lui à *l'alcalinité* du lait.

Or, il suffit de rapprocher de cette affirmation

toute gratuite, les expériences de MM. Joly et Musset exécutées avec le même liquide que M. Pasteur, et en suivant ses indications, pour se convaincre : 1° que du lait bouilli depuis vingt jours au lieu d'être *alcalin* comme le lait frais, est au contraire d'une *acidité* prononcée ; 2° qu'il peut y avoir *coagulation sans bactéries*, et réciproquement *bactéries sans coagulation*.

L'expérience de M. Pasteur pêche d'ailleurs par la base. Cet habile chimiste prétend connaître les germes des infusoires, il les a, dit-il, montrés à tout Paris, (les micrographes seuls l'ont vainement supplié de les leur faire voir.) Il devait donc constater directement leur présence dans le liquide avant de le faire bouillir. Cette objection nous paraît sans réplique.

Le savant chimiste affirme que le liquide contenait des germes, les micrographes le nient, et attribuent la présence ultérieure des infusoires à une genèse hétérogénique ; le seul moyen de trancher la question était de les voir d'abord et de les montrer ensuite.

La chose devait être si aisée à M. Pasteur qui se vante de les connaître ! Jusque là son expérience restera sans valeur.

L'intervention de l'air est ordinairement nécessaire dans les phénomènes de genèse spontanée hétérogénique, mais, nous l'avons vu, il agit si peu comme véhicule de germes atmosphériques, qu'on peut, sans altérer les résultats, le calciner à travers des tubes capillaires rougis à blanc.

Si le fait est vrai, il est évident que l'*air arti-ficiel* peut être substitué à l'air atmosphérique; et s'il est vrai également que ce fluide n'agit que par son principe actif, l'*oxygène*, ce gaz peut le remplacer. C'est en effet ce qui a lieu.

Dans l'expérience suivante, M. Pouchet détermina la formation d'une faune variée d'animalcules et de végétaux microscopiques dans un milieu privé d'air atmosphérique. « Nous avons pris, dit-il, un grand flacon de cinq litres de capacité, bouchant à l'émeri. Ce flacon a été rempli d'eau bouillante et immédiatement on l'a hermétiquement fermé et renversé sur une cuve à mercure. Lorsque l'eau fut refroidie, on introduisit dans ce flacon un mélange de gaz oxygène et d'azote, dans les proportions voulues pour constituer l'air artificiel ; celui-ci occupa les trois quarts de la capacité du vase. Enfin, en prenant les plus grandes précautions, on a aussi introduit dans ce flacon dix grammes de foin qui venait d'être exposé durant vingt minutes dans une étuve à la température de 100 degrés. Ce foin ayant été enlevé de l'étuve dans un flacon à large ouverture, bouché lui-même dans l'étuve et débouché seulement sous la cuve, on l'introduisit dans le flacon. Ainsi, on était

certain que si quelques parcelles d'air étaient restées dans les interstices de ce foin, chauffées à 100
degrés, elles ne pouvaient receler aucun germe
susceptible de se développer. Enfin, le flacon ayant
été bouché sous le mercure, fut remis dans sa situation ordinaire et tout le contour de l'ouverture,
pour plus de précision, quoique le bouchon ait été
enduit d'un corps gras, fut revêtu d'une couche
de vernis à la copale, épaissi avec du vermillon.
Le vase fut ensuite placé dans notre laboratoire,
près d'une fenêtre, et observé chaque jour à l'extérieur. »

Durant les six premiers jours, le liquide resta
limpide ; le huitième, il devint nébuleux et un îlot
flottant de Penicilliums commença à apparaître ; le
douzième, on remarqua vers le fond du vase un
globule sphérique constitué très probablement par
un amas d'Aspergillus ; le dix-huitième, on découvrit un nouvel îlot flottant de Penicilliums en fructification, et le trentième, c'est-à-dire après un
mois, pendant lequel la température moyenne
avait été de 15 degrés, le flacon fut débouché. Le
gaz contenu dans son intérieur n'avait contracté
aucune mauvaise odeur ; quatre petits îlots de Penicilliums flottaient à la surface du liquide, qui
était jaune et trouble et dans lequel nageaient
plusieurs flocons d'Aspergillus de grosseurs diverses ; la surface du liquide offrait, en outre, une

faune assez riche et composée surtout de Protées, de Trachélies, de Monades et de Vibrions.

Lorsqu'en 1859, M. Pouchet fit connaître cette expérience, les représentants de la panspermie lui opposèrent quelques objections.

M. Milne Edwards fit remarquer que le foin employé avait pu être placé dans une étuve chauffée à 100 degrés sans, pour cela, avoir été porté à cette température, et que, même en admettant le fait, les germes qu'il pouvait contenir avaient pu résister.

Or, le professeur Houzeau, qui avait fait l'expérience avec M. Pouchet, s'était assuré, à l'aide du thermomètre, que cette température de 100 degrés avait bien été atteinte par le foin, et d'ailleurs M. Pouchet, dans des expériences ultérieures, porta le corps putrescible à 200, 250 degrés et plus sans entraver l'apparition des protoorganismes. La première objection n'a donc plus sa raison d'être.

Quant à la seconde qui reposait sur la résistance vitale attribuée aux Tardigrades par M. Doyère, elle a perdu également depuis, sa valeur primitive, à la suite des expériences de la Société de Biologie, de celles de MM. Pouchet et Tinel, de nos expériences personnelles enfin. D'ailleurs, elle ne serait pas applicable au cas de chauffage à 250 degrés. Ce qui rend nulle aujourd'hui la critique de M. Milne Edwards.

Mais, écrivait récemment M. Laugel, « M. Pasteur a montré par où des germes pouvaient entrer, c'est par la cuve à mercure..... L'expérience reste donc illusoire. » Depuis l'époque où M. Pasteur a fait lui-même cette objection, on a démontré qu'elle était sans valeur ; pourquoi M. Laugel ne reproduit-il pas les réponses des hétérogénistes. Les ignore-t-il ? Il est à ce compte bien facile de trancher les questions et d'écrire, comme il le fait, « qu'on peut affirmer qu'aucune observation concluante, irréfutable, placée à l'abri de toute chance d'erreur, n'a encore été faite à l'appui de la théorie de la génération spontanée. » M. Laugel n'en conclut cependant pas à « l'impossibilité absolue » de l'hétérogénie : nous ne désespérons donc pas de le voir, après un examen approfondi de la question, regretter une assertion lancée aussi à la légère. Ne professe-t-il pas qu'il faut bien que la nature possède virtuellement la puissance de tirer directement des organismes de la matière inerte et qu'elle l'ait exercée autrefois, « car la vie a eu un commencement sur notre planète. » ?

Ce que nous avons dit plus haut du prétendu ensemencement par le mercure nous dispense d'entrer ici dans de nouveaux détails. « Il n'y a que le mercure, dit M. Pasteur, qui ait pu fournir les germes, *à moins qu'il n'y ait eu génération spontanée.* » Or, le résultat est le même quand on n'emploie pas le mercure ou quand on ne le fait intervenir qu'après l'avoir porté à une très haute température (Mantegazza, Joly, Musset), l'hétérogénie seule peut donc, M. Pasteur en conviendra, expliquer le résultat obtenu.

L'expérience suivante que M. Mantegazza communiqua en 1852 à l'Institut Lombard prouva que le gaz *oxygène*, partie essentiellement active de l'air, peut également être substitué au fluide atmosphérique sans entraver la production des protoorganismes, ce qui prouve une fois de plus que ce dernier n'intervient pas comme véhicule de germes.

« Je prépare de l'eau *chimiquement*, dit l'illustre physiologiste, en faisant passer un courant d'hydrogène sec sur du bioxyde de cuivre chauffé au rouge dans un tube de verre. L'oxyde et le tube ont été rougis auparavant. L'eau obtenue de cette manière a été recueillie dans un tube de verre qui avait été chauffé au rouge, et a été introduite dans un tube gradué en centimètres cubes, où je l'ai fait bouillir avec des feuilles fraîches de laitue. Tandis que le liquide était en ébullition, j'ai rempli le tube avec du *mercure chauffé à cent trente degrés centigrades*, et je l'ai renversé sur une cuvette remplie du même métal chauffé à la même température. Tout étant disposé comme je viens de le dire, j'ai fait entrer dans le tube neuf centimètres cubes d'*Oxygène* préparé avec le chlorate de potasse, et qui avait passé par un tube de verre rougi. *Après seize heures, j'ai rencontré des Monades vivantes.* La température moyenne dans ce temps a été de 25° cent. » Ainsi donc : eau artificielle, ébullition du corps putrescible, mercure chauffé à

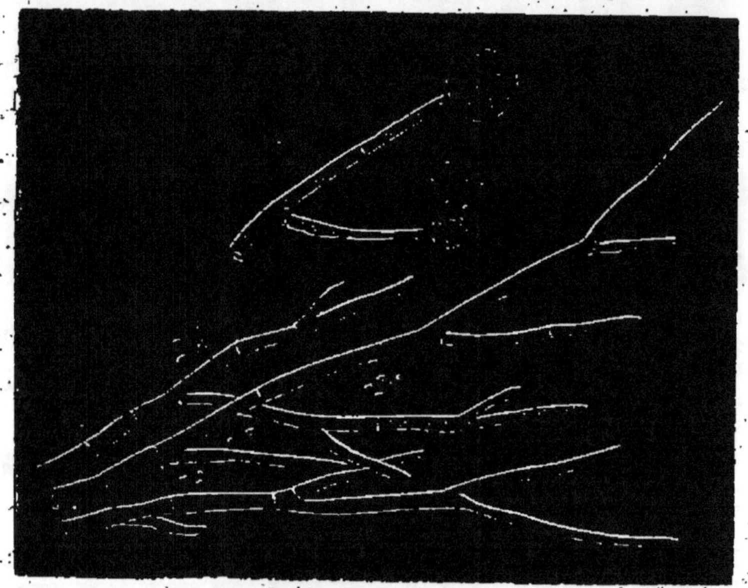

Aspergillus Pouchetii. Mont.

130° et oxygène obtenu par décomposition chimique, tels sont les matériaux de cette admirable expérience que les panspermistes passent sous silence, mais dont ils ne tentent pas la réfutation.

Dans des expériences analogues, M. Pouchet a obtenu des résultats identiques. Il priva absolument d'air une certaine quantité d'eau, y plongea un corps putrescible, préalablement chauffé, remplit d'oxygène le flacon qui les contenait et vit, au bout de peu de jours, apparaître entre autres organismes, un Aspergillus d'une espèce nouvelle, inconnue des micrographes et auquel M. Montagne donna le nom d'*Aspergillus Pouchetii*.

M. W. Child détermina également la genèse de protoorganismes dans une infusion bouillie, mise en contact avec de l'air artificiel et de l'oxygène pur ; de sorte que le fait est aujourd'hui acquis à la science.

Les épreuves en vases clos, toutes défavorables qu'elles sont à la démonstration de la genèse spontanée hétérogénique, puisque la marche régulière et naturelle des phénomènes y est paralysée, ont cependant jeté une grande lumière sur la question. Elles ont définitivement établi que le degré d'organisation des protoorganismes obtenus était essentiellement lié aux conditions de l'expérience et partant, soumis aux caprices de l'expérimentateur. On produit à volonté une faune plus ou moins riche ou une flore plus ou moins abondante ; on fait à son gré des infusoires ciliés ou d'infimes monadaires ; on empêche enfin, si l'on veut, tout développement organique.

Dans l'expérience suivante, de MM. Joly et Musset, on voit la vie se manifester dans une infusion ayant supporté en vase clos, pendant une demi-heure, une température *humide* de cent degrés et, *la faune obtenue est d'autant plus simple et moins nombreuse que l'ébullition est plus prolongée*, c'est-à-dire, que les matières ont perdu davantage leurs *vertus de transformation*, selon l'expression de M. Pasteur.

Ces savants introduisent dans des tubes en forme de poires, à long col et d'une capacité de deux cents centimètres cubes, cinquante grammes d'eau et un corps putrescible, une *hélice chagrinée* (Escargot) dépouillée de sa coquille, par exemple. Ils ferment les tubes à la lampe, les plongent quelques heures après, dans un bain d'eau à 60 degrés et ensuite, pendant un temps variable, dans l'eau bouillante. Pour multiplier les termes de comparaison, ils font simultanément bouillir des tubes ouverts pendant des temps d'égale durée, avec d'autres qu'ils ont soin d'ouvrir après l'ébullition. Enfin, deux flacons ne sont pas soumis à l'épreuve de la chaleur, l'un reste ouvert, l'autre fermé.

Résultat. — Cinq jours après, pendant lesquels la température a varié de 14 à 29 degrés centigrades, nous avons examiné, disent MM. Joly et Musset, à un grossissement de 400, le contenu de chacun des flacons. Voici les résultats qu'ils nous ont offerts :

Tube A, non bouilli et ouvert : Des vibrioniens assez nombreux ; beaucoup de morts, quelques-uns de vivants.

Tube B, non bouilli et fermé : Putréfaction avancée ; odeur infecte, mêmes infusoires. Mais tous un peu moins développés, la plupart morts ou languissants.

Tube C, fermé et bouilli cinq minutes. Bactéries byssoïdes, inertes, Bactéries vivantes, Vibrions courts, mais très agiles.

Tube D, fermé et bouilli quinze minutes. Vibrioniens moins nombreux que dans le tube précédent. Tous vivants.

Tube E, bouilli quinze minutes et ouvert après ébullition. Vibrioniens très-nombreux et vigoureux.

Tubes F et G, fermés et bouillis trente minutes. Ce sont les plus importants à étudier. Dans ces deux tubes, les Vibrioniens sont relativement peu nombreux, quoique l'on en compte encore par millions ; mais ce sont les plus vigoureux.

Tube H, ouvert pendant une ébullition de trente minutes. Résultats identiques aux précédents.

Nous avons même, disent en terminant, les auteurs de cette importante série d'expériences, soumis un tube contenant la même infusion, à une ébullition d'une heure, sans qu'il y ait eu de différence bien tranchée dans les résultats.

Que pourrait-on objecter aux savants de Toulouse ? Rappeler l'expérience trop célèbre de M. Milne Edwards ? Mais elle a été mainte et mainte fois réfutée, déclarée *mauvaise*, en pleine Sorbonne, par son auteur lui-même !

- Quoiqu'il en soit, on l'invoque parfois encore contre les générations spontanées, nous devons donc la faire connaître. « Je plaçais — dit M. Milne Edwards, — dans deux tubes en forme d'éprouvette, l'eau et les matières organiques dont je voulais faire usage. L'un de ces tubes, dont les deux tiers étaient occupés par de l'air, fut alors fermé à la lampe, et, ainsi que l'autre tube, plongé ensuite dans un bain d'eau bouillante. Le bain fut maintenu en ébullition pendant le temps nécessaire pour que l'équilibre de la température ait dû s'établir, à peu de chose près, entre les deux infusions et le liquide extérieur, puis on laissa refroidir les tubes et on les abandonna à eux-mêmes, en ayant soin d'examiner de temps en temps leur contenu à travers leurs parois transparentes. Au bout de quelques jours, je vis des infusoires se mettre en mouvement dans celui des deux tubes qui était resté en communication avec l'atmosphère, tandis que dans l'autre tube, dont la clôture hermétique avait précédé l'action présumée mortelle de la chaleur, je ne vis jamais apparaître un seul animalcule vivant. »

Nous ne nous arrêterons point à discuter cette expérience dont M. Milne Edwards a reconnu lui-même en 1861 le peu de valeur, nous ne chercherons pas non plus à nous expliquer comment l'auteur a pu *à travers les parois transparentes de ses tubes*, voir se mettre en mouvement des infusoires qui ne peuvent être aperçus qu'à un grossissement de 300 à 400. D'ailleurs, la contre-épreuve qu'en ont faite MM. Joly, Musset et Mantegazza, nous dispense d'insister davantage.

Le point capital, dans les expériences d'hétérogénie exécutées en vase clos, est de se procurer de l'air dans son plus grand état de pureté. C'est pour cela que nous l'avons vu calciner, obtenir artificiellement ou remplacer par de l'oxygène. Mais, les deux expérimentateurs toulousains ont imaginé d'utiliser également l'air ou les gaz contenus dans les cavités closes des corps organisés. Ils ont choisi pour cela la vessie natatoire de certains poissons, la gousse du Baguenaudier, le fruit du Piment annuel, celui des Cucurbitacées potagères (la courge potiron par exemple) et toujours le résultat a été positif. Ils ont ainsi produit de nombreuses Bactéries.

Dans une remarquable expérience basée sur la loi du mélange des gaz à travers les membranes humides, ils ont également obtenu des bactéries dans un fragment d'intestin de mouton (*le cœcum*), préalablement bouilli et contenant une décoction de viande en contact avec un air filtré. Pour obtenir ce résultat, ils remplissent aux trois quarts *d'hydrogène* le cœcum qu'ils lient ensuite parfaitement et plongent dans un vase rempli d'eau. Au bout de peu d'heures, le gaz intérieur se dégageant, l'air extérieur, admirablement filtré, vient le remplacer.

Un savant, dont nous avons eu déjà l'occasion de citer le nom et les remarquables travaux, M. le docteur Onimus, a tout récemment institué une série d'expériences fort ingénieuses, dans lesquelles, tout en opérant à huis clos, il put ménager entre l'appareil et l'extérieur un échange de gaz et de liquides très-favorable à la putréfaction et aux transformations moléculaires qu'elle nécessite. Dans ces conditions, il parvint à obtenir des protoorganismes dans des circonstances ou l'expérimentation *in vitro*, n'aboutirait qu'à un résultat négatif.

« Le sang renfermé dans de la baudruche, dit-il, et introduit sous la peau d'animaux s'altère, et cette altération est accompagnée de la présence de vibrions. Il nous reste à déterminer si cette naissance de vibrions est due à la présence de germes ou si les vibrions naissent spontanément par suite de l'altération chimico-cadavérique du sang. Après avoir maintenu pendant quelque temps de la baudruche dans de l'eau bouillante, puis l'avoir desséchée dans une étuve chauffée à plus de cent degrés, nous y introduisons rapidement du sang venant directement d'une artère coupée en deux. Nous introduisons de ce même sang dans un tube à vaccin, nous fermons les deux extrémités à la lampe, et nous introduisons dans la même plaie la baudruche et le tube renfermant tous deux du même sang. Au bout de trente-six heures au plus, *on trouve des vibrions dans le sang renfermé dans la baudruche, et l'on n'en trouve pas la moindre trace dans le sang renfermé dans le tube de verre.*»

On ne dira pas que des germes, venus du dehors, ont traversé la baudruche, car si l'épaisseur de cette membrane était percée de petites ouvertures, le liquide intérieur qui est constamment comprimé entre la peau et les muscles de l'animal (chien, lapin ou pigeon) qui sert à l'expérience, s'écoulerait au dehors, ce qui n'a pas lieu.

On ne soutiendra pas que le contact presque insignifiant avec l'air que nécessite la chute du sang de l'artère dans la petite poche de baudruche, a suffi pour entraîner des germes; car alors, il n'y aurait pas de raison pour que le sang contenu dans le tube en verre n'en ait été ensemencé de même.

Il ne se produit pas non plus de vibrions dans le blanc d'œuf renfermé dans un tube de verre tandis qu'il s'en produit lorsque l'on choisit une membrane de baudruche préparée, pour paroi enveloppante, parce que les phénomènes d'endosmose et d'exosmose s'établissent lentement et favorisent les modifications de la décomposition.

16

Notre chapitre, sous presse, se terminait là, lorsque parut une brochure de M. M.-H. Deschamps sur *les générations spontanées*. Un mot sur cette publication.

Savants, s'écrie l'auteur, vous cherchez de toutes part les germes ; ils sont là, dans vos appareils à vases clos, ce sont les cellules ovulaires ou germinatives. La substance organisée, « renferme dans ses flancs, les moules des êtres organisés », elle est en grande partie composée de cellules que les infusions ou les macérations mettent en liberté et qui se répandent ensuite dans l'air « émigrant en vertu d'une force vitale d'attraction vers les lieux où ils peuvent revivre ».

C'est, comme on le voit, avec des variantes et des affirmations sans preuves, la théorie panspermiste que nous croyons avoir suffisamment refutée. Nous conseillerions à M. Deschamps de reproduire lui-même, les expériences devant lesquelles sombre la doctrine qu'il essaie de ressusciter, sous une forme nouvelle, s'il ne nous apprenait que « le temps lui manque »; que « les appareils et les ressources du Museum lui font défaut »; qu' « il est trop tard », enfin, et s'il ne nous montrait suffisamment qu'il n'a pas fait de la doctrine qu'il croit refuter, une étude suffisante. Nous ne voulons citer à l'appui de notre jugement que le conseil qu'il donne aux hétérogénistes : « d'abandonner la purification de l'air et de le fabriquer de toutes pièces. » Il y a dix ans qu'ils opèrent dans ces conditions.

De ce qui précède, nous pouvons donc toujours conclure que *les phénomènes de génèse spontanée hétérogénique, si intenses lorsque leur marche régulière est respectée, se manifestent encore, tout en s'amoindrissant successivement, à mesure qu'on multiplie les entraves, pour cesser enfin de se produire lorsque les phénomènes de fermentation et de putréfaction sont eux-mêmes empêchés.*

GENÈSE DE LA LEVURE.

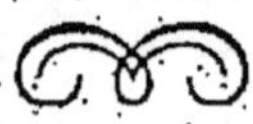

Toute fermentation se compose de deux ordres
de phénomènes : de phénomènes chimiques et de
phénomènes biologiques.

Ces derniers qui doivent seuls nous occuper
consistent dans l'appparition de végétaux vésicu-
laires rangés d'abord parmi les Algues et que
MM. Pouchet, Joly et Musset ont démontrés ap-
partenir à la famille des champignons.

Pour Schwan, Cagnard La Tour, MM. Robin et
Pasteur, ces végétaux consistent uniquement en
une sorte de *vésicule mère*, produisant à sa surface
des *bourgeons* qui, une fois arrivés à un certain
développement, s'en séparent et vont constituer un
végétal semblable.

Selon MM. Pouchet, Joly et Musset, au contraire, chaque grain de *levûre* (c'est ainsi que l'on
nomme d'une manière générale les granules organisés des fermentations), loin de représenter un
végétal complet, n'est qu'une semence ou spore

qui peut germer et donner naissance à une tige qui s'allonge peu à peu, se cloisonne, se ramifie et se couvre enfin de fructification.

L'exactitude de ce fait ne saurait être mise en doute : M. Clos, professeur de botanique à la faculté des Sciences de Toulouse, le professeur Mantegazza, les docteurs Alabieff et Dislin de Moscou, bien d'autres enfin l'ont vérifiée et nous avons assisté nous-même nombre de fois à ces différentes phases de développement de la levûre.

Ces spores varient par la forme et le contenu, selon les fermentations et produisent des végétaux différents, appartenant aux groupes des *Penicillium*, *Aspergillus*, *Ascophora*, *Collarium* et *Cladosporium*. Il y a la levûre de bière ou cérévisique, la levûre du cidre ou levûre malique, la levûre du jus de groseilles, la levûre du vin, la levûre agrostique, etc., etc.

Ces spores se composent ordinairement d'une enveloppe extérieure et, à l'intérieur, de granules et d'une ou plusieurs vacuoles remplies d'un fluide légèrement coloré,

La *Levûre de bière*, connue aussi sous le nom de levûre cérévisique (*Torula* ou *cryptococcus cerevisiæ*) est ovoïde; son enveloppe extérieure mince et lisse est recouverte d'une couche glutineuse qui forme une espèce de zône plus pâle que le liquide ambiant; ses granules internes sont bleuâtres et

extrêmement fins et, elle présente à son centre,
une vésicule remplie d'un fluide rose pâle qui dis-
paraît pendant la germination.

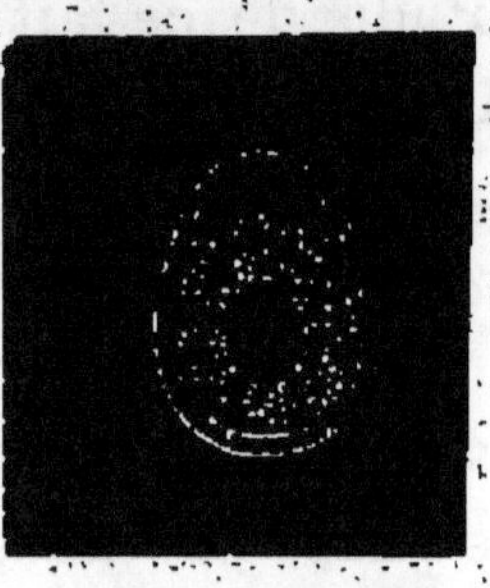

Spore de levûre de bière, considérablement grossie.

L'excrétion autour de chaque grain de levûre
d'une matière agglutinante, explique la *théorie du
bourgeonnement* professée jusqu'ici. On a confondu
avec une gemmation, l'accolement de petits grains
de levûre aux gros.

Ceci est si vrai, qu'en dissolvant à l'aide de ré-
actifs, le produit glutineux, on isole parfaitement
tous les grains. D'ailleurs, on voit parfois des granules libres s'accoler dans le champ du microscope
et ne plus pouvoir être ensuite isolés par les cou-
rants du liquide ; il n'est pas rare d'en voir jusqu'à
vingt, quarante et plus encore, ainsi réunis et
souvent aussi on aperçoit deux gros grains entre
lesquels s'en trouve un plus petit. Ces phénomènes sont absolument incompatibles avec l'existence
d'une gemmation.

Au commencement de la germination, la petite

saillie globuleuse que forme l'embryon, a pu aussi être confondue avec un bourgeonnement.

Il s'en faut de beaucoup que tous les grains de levure se développent en un végétal complet, mais lorsque la germination est déterminée, elle se produit de la manière suivante.

Dans les *spores maliques*, à l'une des extrémités de la graine, apparaît d'abord une petite saillie qui s'allonge ensuite en tige, se cloisonne, se ramifie et enfin fructifie en donnant naissance à des semences qui ne ressemblent en rien à celles dont on a vu sortir la plante et qui ne germent pas à leur tour, dans les mêmes conditions du moins.

Penicillium glaucum et spores.

Ce sont les ramifications de ces cryptogames qui, formant un réseau arachnoïde plus ou moins considérable, troublent parfois le cidre et y apparaissent souvent sous forme de *glaires*.

Les espèces végétales propres à ce liquide appartiennent aux genres *Penicillium*, *Ascophora* et *Aspergillus*.

L'une des plus communes a été baptisée par M. Pouchet du nom d'*Aspergillus polymorphus*, pour rappeler la forme extrêmement variée de sa fructification.

Aspergillus polymorphus. Pouch.

Les spores qui apparaissent dans la fermentation du *jus de groseilles* sont extrêmement fines, et se développent en n aspergillus différent de celui du cidre, l'*Aspergillus fungoïdes*, végétal ordinairement

d'un beau rouge, dont les pédicelles sont articulés,
fistuleux, rameux et que M. Pouchet nomme ainsi

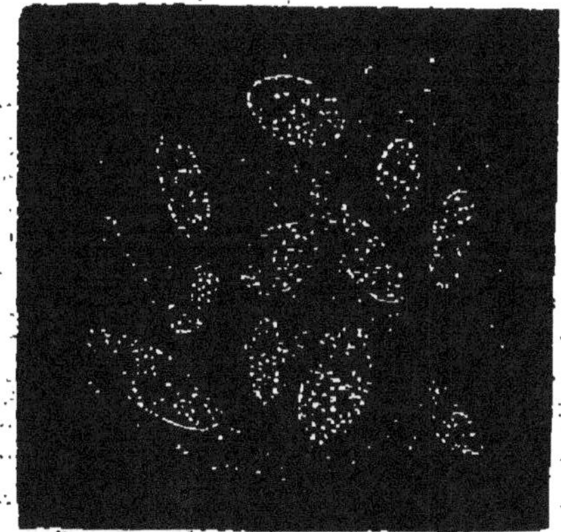

Spores qui produisent l'aspergillus polymorphus.

à cause de la ressemblance de ses capitules déprimées avec autant de petits champignons.

Aspergillus fongoides. Pouch.

La teinte verte que présente l'intérieur des cuves
des brasseurs est due à des Penicilliums produits

par la germination des spores cérévisiques; et,
les filaments ramifiés qui en résultent, produisent
en s'entrelaçant une membrane feutrée, *(mycellium)*
que Desmazières avait confondue avec une espèce
particulière de mycoderme (mycoderma cerevisiæ.)

Développement spontané des spores de levure de bière.

Quelle est l'origine de ces diverses sortes de le-
vures? Elles s'engendrent spontanément au milieu
et par le fait même des réactions chimiques.

En effet, elles apparaissent normalement dans
des liqueurs qui n'en contenaient pas auparavant;

Le mélange de liquides différents (cidre et bière,
par exemple), donne naissance à une levure absolument hybride et possédant, réunis, des caractères

propres aux spores maliques et aux spores céré-visiques ;

Par le mélange du cidre et d'une macération de foin, on obtient de même, une levûre hybride qui n'est ni la levûre malique, ni la levûre agrosti-que ;

Si enfin, à l'exemple de M. Pouchet, on met de l'urine dans un verre à réactif, du cidre dans un autre et un mélange des deux liquides dans un troisième, on obtient trois faunes absolument différentes.

La nature des organismes produits est donc entièrement soumise à celle des corps fermentes-cibles. Bory de Saint-Vincent avait déjà signalé cette vérité aujourd'hui incontestable.

Bien entendu, les panspermistes soutiennent que les diverses sortes de levûre ont encore l'air pour véhicule et qu'elles doivent à leur ensemencement leur présence dans les liqueurs en fermentation.

La fabrication journalière de la bière semble au premier abord leur donner raison. Le brasseur paraît en effet ensemencer ses cuves, mais la le-vûre qu'il introduit agit uniquement comme corps putrescible. Cela est si évident que, dans une foule de cas, les fermentations les plus énergi-ques se développent sans qu'on les ensemence d'aucun organisme et donnent naissance à des masses de levûre. Les expériences d'Ingenhousz et celles de MM. Mantegazza, Pouchet, Joly et Musset, le prouvent suffisamment. Qui ne sait, d'ailleurs, que la fermentation du vin et du cidre engendre une levûre abondante sans qu'on en mette jamais une seule parcelle dans les cuves ?

Pour prouver que les grains de levûre ne viennent pas de l'air et établir d'une manière incontestable leur genèse spontanée, M. Pouchet institua l'expérience suivante sur laquelle nous appelons toute l'attention. « On plongea — dit-il, — un flacon bouchant à l'émeri, au fond d'une cuve de décoction d'orge germée, *en ébullition depuis six heures;* là, il fut totalement rempli de cette décoction, et on le ramena vers sa surface où il fut bouché avant d'en sortir. Ensuite, par excès de précaution, la circonférence de l'ouverture de ce flacon, fût enduite d'un lut composé de vernis à la copale et de vermillon, et l'on eut la certitude que le vase était hermétiquement fermé. Au bout de six jours, dont la température moyenne fut de 18 degrés, l'on vit se former un léger dépôt de levûre au fond du flacon. Le septième, la température s'étant élevée tout-à-coup à 27 degrés dans le laboratoire, ce flacon se brisa avec un grand bruit, et toute sa voûte fut jetée à quelques pouces de distance. Alors on reconnut, à la simple vue, qu'il s'était formé une quantité notable de levûre dans le liquide en expérience, et le microscope donna à ce fait une irrécusable démonstration. »

Si des spores préexistaient dans le liquide, il est admis par tout le monde que la température humide de cent degrés, prolongée pendant six heures, les eût complètement désorganisées ; la levûre apparue à donc une toute autre origine. Elle n'a pas été apportée par l'air puisque le flacon en était totalement privé ; elle s'est donc formée spontanément.

M. de Vauréal qui fait ressortir toute l'importance de cette expérience et la déclare *fondamentale*, lui reproche cependant, le peu de temps pendant lequel le flacon a séjourné dans le liquide et pense, avec quelque raison, qu'il eût été plus régulier de l'y maintenir pendant toute la durée de l'ébullition. Mais, M. Pouchet l'y ayant laissé une autre fois, pendant *dix minutes*, l'objection perd toute sa valeur apparente et ne conserve qu'une importance de forme.

Il résulte, en effet, des expériences de MM. Bulliard, Herm. Hoffmann, Wyman et Pouchet que les spores des mucédinées ne résistent pas ordinairement à *quelques secondes* d'ébullition, que souvent même le *simple contact* de l'eau bouillante les désorganise complètement. Ces spores, selon M. Pasteur, résistent tout au plus pendant *quelques minutes* à la température humide de 100°. *Trois se-*

condes suffisent à l'égard de celles des Ascophores et si l'on fait bouillir pendant douze ou quinze minutes celles d'un aspergillus, on n'en retrouve plus que des débris dans le liquide.

Si, d'ailleurs, l'air était comme le veulent les panspermistes, le véhicule des semences des végétaux qui apparaissent dans les fermentations, il serait on ne peut plus facile de les y découvrir, leur nombre serait certes assez considérable et leur volume est le plus souvent fort appréciable.

M. Pasteur affirme, il est vrai — M. Pasteur *affirme* toujours — qu'on ne peut distinguer les spores des moisissures communes des corpuscules organisés de l'air; mais, affirmer n'est pas démontrer et ce que l'éminent chimiste ne peut faire, les botanistes le font chaque jour. Hoffmann reconnaît parfaitement les spores des *Cladosporium* et des *Stemphylium*; M. Pouchet, celles des *Penicillium*, des *Ascophora*, des *Aspergillus*, et MM. Turpin, Montagne, Tulasne, Robin, etc., ne sont pas plus embarrassés qu'eux.

Une expérience fort curieuse de MM. Joly et Musset est également favorable à la genèse spontanée de la levure. Après s'être soumis à un jeûne rigoureux pendant vingt-quatre heures, ces deux savants burent une grande quantité de bière. En recueillant ensuite leur urine dans un flacon rempli jusqu'à déversement, bouché à l'émeri et parfaitement luté, ils ont vu s'y former des spores cérévisiques qui, en germant, ont produit des *Penicillium glaucum*.

Mais, il est indispensable de ne pas confondre ces organismes avec ce que l'on appelle le *ferment*, car les phénomènes de catalyse commencent avant leur apparition. Soutenir, comme on l'a fait, que *le ferment est un être dont le germe vient de l'air*, et convenir en même temps que la fermentation se produit dans l'air calciné, c'est commettre une de ces contradictions étranges dont fourmillent; du reste, les œuvres des adversaires de l'hétérogénie.

Selon M. Pasteur, la levure n'est pas le *produit*, mais bien la *cause initiale* de la fermentation, les ferments sont, pour lui, des corps organisés, vivants, dont le réceptacle commun est l'air.

Cette thèse ne saurait un instant se soutenir et, pour l'infirmer, les autorités scientifiques ne font pas défaut.

D'abord, l'apparition des protoorganismes ne précède jamais les phénomènes de catalyse;

Ensuite la fermentation s'établit sans ensemencement aucun, dans des liquides bouillis et en vases clos;

Elle s'établit parfaitement dans l'eau de lavage de levure qui ne contient que la substance glutineuse sécrétée à la surface de ces grains (Collin, Regnault, Robin, Pouchet). Ce n'est pas le végétal, dit M. Robin, qui, par ses actes de nutrition, détermine la fermentation comme on le suppose faussement, mais c'est la matière liquide ou demi-liquide interposée à la levûre qui joue le rôle de corps catalytique ;

Une fermentation énergique et la formation d'une levûre abondante peut être déterminée avec des morceaux de cerveau d'homme, de l'urine, du venin des serpents (Pouchet) ;

Dans certaines fermentations enfin, la transformation de l'amidon en glycose, par exemple, il *n'apparaît pas d'organismes* (Bouchardat).

L'opinion de M. Pasteur sombre, du reste, non-seulement devant les résultats obtenus par MM. Pouchet, Joly et Musset, mais devant les expériences de MM. Gerhardt, Schmidt, Berzelius, Liébig, Pelouze, Fremy, etc.

Le *ferment* est ce qui détermine la fermentation, met les liquides dans des conditions spéciales, ordinairement favorables au développement d'organismes. Ce mot s'applique donc à tous les corps décomposables dont le contact peut provoquer de nouvelles combinaisons chimiques, et les substances albuminoïdes occupent ici le premier rang.

Il est donc impossible d'attribuer aux spores de levûre une origine autre que l'hétérogénie. Les forces mises en action par les réactions chimiques déterminent l'organisation et la vie au sein des liquides en fermentation.

DERNIER REFUGE DES PANSPERMISTES.

Le 22 août 1863, MM. Pouchet, Joly et Musset partaient de *Bagnères-de-Luchon*, accompagnés de guides et munis de provisions de toutes sortes. Ils parcoururent d'abord un chemin richement ombragé ; puis, rasant les bords d'énormes précipices ils parvinrent au port de Vénasque, franchirent les frontières d'Espagne, se dirigèrent à travers les blocs chaotiques, les troncs d'arbres brisés par les avalanches et gagnèrent ainsi le plateau de la *Rencluse* au pied du Mont-Maudit. Épuisés de fatigue ils s'arrêtèrent, mirent plusieurs expériences en train et passèrent la nuit dans un creux de la montagne. Au lever du jour, ils se remirent en route au milieu des rocs dénudés, pour gagner les sommets glacés de la montagne *Maudite*, l'une des cimes les plus élevées des pyrénées espagnoles.

Ayant atteint le but de leur ascension, ils s'arrêtèrent sur les hautes collines de glace séparées

par des crevasses profondes, de la véritable *Maladetta* et, après avoir mis en train une nouvelle
série d'expériences ils songèrent au retour.

Chargés de leurs matras au long col effilé et de
nombreux ballons remplis de l'air et de l'eau de
neige et de glace, de l'eau des lacs et des tor-
rents de la Maladetta et de la Rencluse, ils redes-
cendirent les rochers escarpés au milieu d'un vio-
lent orage, par une pluie battante et sur un sol
glissant. Enfin, le port de Vénasque franchi, ils
aperçurent le ciel de France et sans encombre,
regagnèrent Luchon.

Quel motif avait poussé ces trois savants à s'é-
lever ainsi jusque dans les régions glacées des
neiges éternelles? Un seul, contrôler par l'expérience une nouvelle affirmation de leur adversaire.

« Partout, *strictement partout,* avaient dit les hétérogénistes, l'air est constamment fécond.» «L'air
ambiant, répond M. Pasteur n'offre pas, a beaucoup près, *avec continuité,* la cause des générations
dites spontanées et il est toujours possible de
prélever, dans un lieu et à un instant donnés, un
volume considérable d'air n'ayant subi aucune
espèce d'altération physique ou chimique, et néanmoins tout à fait impropre à donner naissance à
des infusoires ou a des mucorinées. »

Ainsi donc, l'atmosphère n'est plus, comme

dans l'hypothèse de la dissémination universelle, de toutes parts encombrée de germes, mais ceux-ci n'en existent pas moins, et, resserrés dans d'étroites limites, ils la parcourent sous forme de veines ou de nuages.

En présence du nombre considérable d'expériences entreprises par eux dans les lieux les plus divers, à la surface du sol, en pleine mer, dans les cavernes ou dans les montagnes, les hétérogénistes ne sauraient protester avec trop d'énergie contre une telle affirmation. M. Figuier s'écriait, le jour de la naissance de la *semi-panspermie*, qu'il craignait bien que les nouvelles expériences de M. Pasteur ne tournassent contre lui ; le lendemain prouva que ses craintes étaient fondées.

Partout, en effet, l'air est constamment fécond et l'*aéroscope* n'y décèle que par exception, la présence d'un œuf ou d'une spore. Il devrait cependant, dans l'hypothèse de la panspermie, en contenir un nombre prodigieux puisqu'au contact d'un seul décimètre cube d'air, il se développe toujours dix fois plus d'animalcules qu'il n'y a d'habitants sur le globe !

« Des expériences décisives, dit le Dr Pouchet, m'ont même démontré qu'en mettant *successivement* le même air avec des substances diverses, celles-ci, tour à tour, produisaient des générations d'animaux ou de plantes absolument spéciales. Et ces

curieuses recherches peuvent être prolongées autant qu'on veut ; elles n'ont de bornes que dans
l'altération chimique de l'air. Un centimètre
cube d'air a été mis successivement en contact, à
l'aide de précautions convenables, avec une macération de viande, et a produit des monades; avec
une macération d'asperges, des bactéries ; avec
une macération de foin, des colpodes ; enfin avec
de la colle, des penicilliums. »

Quelles sont donc les raisons invoquées par
M. Pasteur à l'appui de sa nouvelle hypothèse
panspermiste? Le résultat tantôt négatif et tantôt
positif d'expériences exécutées en des endroits
divers de la surface du sol, dans les caves de
l'Observatoire ou à diverses hauteurs.

Le savant chimiste emportant avec lui une certaine quantité de ballons entièrement privés d'air
et remplis au tiers d'un liquide filtré et bouilli
(composé de 50 grammes de levûre de bière pour
1000 grammes d'eau), se rendit au pied du Jura.
Là, assez loin de toute habitation, il brisa à l'aide
d'une pince à longues branches, la pointe effilée
de vingt de ces matras, y laissa pénétrer l'air du
lieu et les referma à la lampe. Il opéra de même
sur l'une des montagnes du Jura, à 850 mètres
d'altitude sur vingt autres ballons. Enfin, parvenu
au *Montanvert*, près de la Mer de Glace, à 2000
mètres au-dessus du niveau de la mer, il opéra une

troisième prise d'air dans vingt nouveaux ballons.
Or, ces diverses séries d'expériences donnèrent
des résultats différents. Dans la première, douze
ballons, sur vingt, sont demeurés stériles ; quinze
dans la seconde ; dix-neuf dans la troisième. D'où.
M. Pasteur conclut qu'à mesure que l'on s'élève
dans l'atmosphère, l'air est de moins en moins
chargé de germes.

Dans le but de vérifier cette assertion, nous
avons vu les hétérogénistes franchir les Pyrénées;
se rendre d'abord à la Rencluse à 2083 mètres
d'altitude, puis jusqu'aux glaciers de la Maladetta,
à plus de 1000 mètres plus haut que ne l'avait fait
M. Pasteur. Ils avaient emporté un certain nombre de ballons d'un quart de litre de capacité remplis au tiers d'une infusion de foin filtrée et bouillie pendant plus d'une heure. Ces ballons ayant
été fermés à la lampe au moment de l'ébullition,
étaient absolument vides d'air, et avant de les ouvrir on prit toutes les précautions indiquées par
M. Pasteur. « Nous avons même eu soin — disent-
ils, — de faire éloigner de nous les guides qui
nous accompagnaient, ainsi que quelques chas-
seurs d'isards que la curiosité avait attirés auprès
de notre laboratoire en plein air. Enfin, dans le
but d'éviter la poussière de nos propres vêtements,
et à l'exemple de M. Pasteur, nous avons porté le
scrupule jusqu'à élever nos ballons au-dessus de

nos têtes, avant d'en briser la pointe effilée et chauffée, à l'aide d'une lime préalablement passée dans la flamme de notre lampe eolipyle. »

Une première prise d'air se fit à la Rencluse, une seconde au pied des glaciers de la Maladetta et, lorsque de retour à Luchon, MM. Pouchet, Joly et Musset ouvrirent quatre et cinq jours après leurs ballons, *tous, c'est-à-dire huit sur huit, étaient remplis d'infusoires ou de mucédinées.*

Ces expériences qui auraient dû, d'après la théorie semi-panspermiste, fournir un résultat opposé, donnent donc le démenti le plus formel à cette hypothèse uniquement inventée pour sauver l'ovarisme du naufrage.

Mais, les hétérogénistes, pour briser la pointe de leurs ballons, s'étaient servis d'une lime sans manche et M. Pasteur d'une pince à longues branches ; il ne lui en fallut pas davantage pour motiver la différence des résultats. Si MM. Pouchet, Joly et Musset, objecta-t-il, s'étaient comme moi servis d'une pince, leurs ballons seraient restés stériles ; la lime a tout gâté !...

Mes lecteurs s'attendent assurément que devant une semblable critique, les hétérogénistes se sont contentés de sourire ; nullement. Ils se sont donné la peine de recommencer l'expérience avec des pinces à branches gigantesques et les 22 ballons qui leur servirent cette fois, ont encore tous été féconds.

Mais, avait également objecté M. Pasteur, si au lieu de huit ballons on en avait pris davantage, ces derniers eussent peut-être été stériles ?

L'expérience recommencée avec 22, donna, nous venons de le voir, tous liquides fertiles ; si on en avait employé 23 — répliquera peut être M. Pasteur — le 23me n'aurait pas été fécond. Il n'y a pas de raison pour que cela finisse...

Devant cette persistance de M. Pasteur à maintenir son opinion, les hétérogénistes émirent le vœu et obtinrent que l'Académie des Sciences nommât une commission devant laquelle seraient répétées les expériences contradictoires.

On vit alors M. Pasteur à l'œuvre et tout s'expliqua. Ce savant prit un liquide préparé d'avance, filtra, remplit à moitié de cette liqueur plusieurs ballons à col effilé ; fit bouillir et ferma à la lampe pour opérer ensuite des prises d'air en différents lieux.

Que se proposait-il de démontrer ? La réalité de la panspermie localisée, l'exactitude des expériences du Montanvert. Que plusieurs de ses ballons restent stériles pendant que d'autres se peupleront d'animaux ou de plantes, il en conclura que les premiers ont été préparés dans une zône vierge de toute espèce de germes et les seconds au milieu d'une veine atmosphérique d'œufs et de spores.

Mais, M. Joly signala à la Commission et à M. Pasteur, une chance d'erreur. M. Pasteur, dit-il, remplit ses ballons de liquide emprunté à un vase qui en contient environ dix litres. Depuis combien de temps cette solution est-elle préparée? Depuis plusieurs heures. Combien de temps durera le remplissage des ballons? de deux à trois heures. Or, le contenu du vase étant abandonné à lui-même pendant un si long laps de temps, il est inévitable que la composition du liquide que M. Pasteur ne prend pas même la peine d'agiter avant de le verser, cesse d'être *uniforme* dans toute la hauteur du vase; le liquide du fond sera plus chargé que celui du milieu, et celui-ci, plus que celui de la surface. Ce n'est donc pas à proprement parler la même solution; ce sont des solutions différentes que M. Pasteur introduit dans ses ballons, et *ceux-ci ne sont pas réellement comparables entre eux.* Qu'après cela, les uns donnent des productions, et que les autres n'en donnent pas, rien de plus simple; et ces résultats s'expliquent sans qu'on ait besoin de supposer que des œufs et des spores ont été introduits par l'air dans les premiers ballons et que l'air n'a rien introduit dans les autres.

M. Pasteur, continua M. Musset, fait bouillir *inégalement* ses ballons; celui-ci pendant une minute, celui-là pendant deux minutes; cet autre pendant cinq minutes; mais qui ne sait que telle substance qui conserve la propriété de fermenter après avoir subi l'action du feu pendant un temps donné, la perdra ou ne la possèdera plus qu'à un degré moindre, si on double, si on triple, si on quatruple pour elle le temps de l'ébullition? Les ballons que prépare M. Pasteur *ne contiennent donc pas une substance identique,* elle est moins altérée, plus fermentescible ici que là, et pour cette raison encore, ces ballons ne sont pas comparables entre eux. Qu'ils donnent des résultats différents, cela est donc de toute nécessité, et, cette différence dans les résultats s'explique sans qu'on ait besoin de recourir à l'hypothèse de la panspermie localisée.

Ces objections étaient si sérieuses que M. Flourens, l'un des membres de la commission, et l'un des adversaires les plus décidés de l'hétérogénie, ne pût s'empêcher d'observer que rien jusqu'ici n'avait été dit de plus fort contre les expériences de M. Pasteur.

Nous n'insisterons pas davantage; la panspermie localisée que l'on a vainement essayé de substituer au rêve des Bonnet et des Spallanzani, est dénuée de tout fondement; c'est comme le dit M. Musset, un *faux-fuyant,* une *hypothèse de juste milieu.*

MUTATIONS DE LA MATIÈRE.

Les instruments de plus en plus perfectionnés des astronomes, reculent chaque jour la limite de nos connaissances sur l'Univers sidéral et nous font découvrir par de là les étoiles accessibles à notre vue, plusieurs milliers de Nébuleuses, essaims-elles-mêmes d'autres étoiles dont le nombre se compte par milliards. Par de là ces mondes télescopiques, il en est d'autres que la science découvrira demain ; plus loin, d'autres encore, dont l'homme ignorera toujours l'existence.

L'Univers sidéral n'a donc pas de limites, l'Espace est infini !.....

Un rayon de lumière parti de certaines Nébuleuses, met pour parvenir à la terre jusqu'à deux millions d'années, d'après le calcul de Humboldt....., et la lumière franchit 77,000 lieues par seconde ! Cette découverte, bien faite pour modifier les opinions que l'on émet généralement sur *l'âge de la Matière*, cadre mal avec les traditions

ou légendes que nous ont léguées les siècles
d'ignorance et de superstition.

D'un autre côté, l'étude des lois qui régissent
la matière, nous montre un enchaînement continu
de causes et d'effets, sans que nous puissions
arriver à une Cause première, à un Effet dernier.
Tout phénomène est, à la fois, résultat d'un acte
qui a précédé et origine d'un phénomène subsé-
quent. Rien ne se perd, rien ne se crée, tout se
transforme. « Dans toute la rigueur du mot, la
nature, selon la très juste remarque de M. Pasteur, ne connaît pas la mort ; pour elle, la vie et
la mort ne sont que des changements d'état. »

La croyance à une origine première et à une
fin dernière des choses, caractérise une des phases de l'évolution du savoir humain, mais rien,
dans l'état actuel de la science, ne permet d'établir
la réalité d'une semblable origne ni d'une pareille
fin.

Pour ce qui est de l'origine des choses, — dit
le Dr E. Dally, dans sa remarquable *Introduction*
au beau livre d'Huxley sur *la place de l'homme dans
la nature*, — nous croyons qu'il faut désormais
affirmer qu'il n'en est pas de concevable, c'est-à-
dire qu'il n'en est point.

Scientifiquement, la MATIÈRE EST ÉTERNELLE,
comme l'Espace est infini !......

« Pour la science moderne, la matière est je ne

dirai pas éternelle, mais sans commencement, c'est-à-dire qu'on ne peut lui assigner un commencement, et elle est telle avec ses propriétés de pesanteur, de caloricité, d'électricité, de lumière, d'affinité, de vie, dont elle ne peut jamais être dépouillée. Car la science moderne qui renonce à concevoir tout commencement à la matière ne renonce pas moins rigoureusement à concevoir un commencement à ses propriétés. Ce fut la tentation et la tentative de la pensée juvénile et inexpérimentée, d'imaginer des modes sous lesquels elle se représentait la matière ou primitivement produite ou subséquemment tirée de l'inertie, et animée de facultés. L'illusion s'est dissipée. — LITTRÉ. »

Nous ne connaissons la matière que par ses manifestations et, ces dernières, varient aussi souvent que les conditions dans lesquelles elle peut se trouver. Matière et Force sont deux mots que l'abstraction seule isole, mais qui, dans le monde de la réalité, sont synonymes. La Matière enfin, suivant la très-exacte expression de M. Letourneau, englobe dans son vaste flanc tout ce qui est sensible, tout ce qui est intelligible, même tout ce qui est en dehors du sensible et de l'intelligible, le phénomène et la substance, l'acte et l'agent. Elle est la base de l'Univers dans l'acception la plus large du mot, elle est l'étoffe de ce qui est.

Considérée sur le Globe dont nous habitons la

surface. Elle se présente à nous sous trois aspects bien tranchés : L'ÉTAT MINÉRAL, L'ÉTAT ORGANIQUE et L'ÉTAT ORGANISÉ;

Le monde inorganique est exclusivement soumis aux lois de la mécanique, de la physique et de la chimie ; la substance organisée présente, en outre des propriétés immanentes spéciales et provenant de sa composition élémentaire.

L'organisation a été fort bien définie par M. Ch. Robin : « Un mode particulier d'association moléculaire de principes immédiats de plusieurs espèces.» Le caractère le plus saillant, en effet, le seul nécessaire de toute parcelle de substance organisée, est d'être constituée par des principes immédiats nombreux, appartenant aux trois groupes suivants : des principes minéraux cristallisables ou volatils sans décomposition, comme l'oxygène, l'eau, la silice, les carbonates; des principes tenant à la fois de la matière minérale et de la substance organique proprement dite, comme l'acide urique, les alcaloïdes, les graisses; des principes enfin non cristallisables mais coagulables, comme la fibrine et l'albumine.

« On a imaginé, s'écriait Magendie, des propriétés vitales, pour la substance organisée, et je m'étonne que l'esprit puisse se contenter d'une semblable mystification. » Dans les sciences d'observation, toute question en dehors de la phénoménalité est, en effet, ultra-expérimentale et partant, ultra-scientifique et c'est avec raison que Saint-Simon se plaignait de voir encore la physiologie dans la mauvaise position par laquelle ont passé les sciences astronomiques et chimiques et demandait avec instance que les physiologistes chassassent de leur société les métaphysiciens comme les astronomes ont chassé les astrologues, comme les chimistes ont chassé les alchimistes. « Lorsque celui qui parle, commence à ne plus se comprendre et que ceux qui l'écoutent ne le comprennent plus du tout, là, dit Voltaire, commence la métaphysique. »

L'expérience démontre que la matière peut «successivement» revêtir les trois états : minéral, organique et organisé.

La chimie en effet, grâce aux belles découvertes de Wœhler, Berthelot et Smée est récemment parvenue à créer de toutes pièces, à l'aide des corps simples qui les constituent, non-seulement de l'alcool et des corps gras, mais des corps qui, tels que la chondrine et la fibrine n'apparaissaient, disait-on, que sous l'influence de la vie en activité. C'est pourquoi, M. Phipson est fort autorisé à soutenir que « toute la matière organique existant en ce moment sur notre globe, a été dérivée de la matière minérale, et que longtemps avant l'apparition d'êtres organisés, des composés

organiques ont pu déjà se former. » Un coin du
voile qui nous cache l'origine de la vie sur notre
planète, se trouve ainsi soulevé ; l'apparition de la
matière organique expliquée.....

Sous ce nouvel état, cette dernière peut, ainsi
que nous l'avons vu, s'organiser et donner naissance à une foule de plantes, à de nombreux animaux ; nous pouvons donc concevoir scientifiquement comment la vie a pu apparaître sur le
globe.

Enfin, la mort et la putréfaction font retourner
la matière organisée à la forme organique, et de
là, à l'état primitif minéral. Ces trois phases ascen-
dantes et ce retour à la forme initiale constituent
un cercle dans lequel tourne éternellement la matière ; car tout est vie et transformation en ce
monde, le repos seul n'existe pas.

L'être organisé, animal ou végétal, est entièrement soumis aux milieux qui l'environnent, il en
tire ses éléments et représente « un mode particulier d'association moléculaire », une manière
d'être spéciale de la matière ambiante, à laquelle
il reste toujours fatalement soumis. Par la présence
de principes d'origine minérale dans toute substance organisée — dit fort bien un des professeurs
qui honorent le plus la faculté de médecine de
Paris, M. Charles Robin, dont les remarquables
travaux ont conquis à « l'anatomie générale » le

rang qu'elle occupe aujourd'hui dans l'enseignement — par la présence d'une très-faible proportion de substances organiques dans les couches
solides et liquides du globe, les êtres organisés se
rattachent au globe terrestre au point de vue
même de leur composition intime ou immédiate,
par là, se manifeste leur soumission fatale au
monde extérieur, d'une manière aussi énergique
qu'ils lui sont subordonnés physiquement par la
pesanteur.

Mais, aux conditions particulières dans lesquelles se trouve alors la matière, correspondent des manifestations nouvelles, de même que
le corps composé, créé dans le laboratoire du chimiste, présente des propriétés différentes de celles
qui caractérisaient ses éléments isolés et que
l'analyse ferait reparaître. C'est donc bien à tort
que l'on s'est efforcé de creuser un gouffre entre
la matière vivante et la substance inanimée ; la
science d'aujourd'hui a réduit cette prétention à sa
juste valeur, ne faisant d'ailleurs que confirmer
en cela les idées de l'antiquité.

Sous un certain état, et placée dans certaines
conditions, la matière possède donc une *force
organisatrice*, en vertu de laquelle elle prend la
forme cellulaire et s'organise. On nomme Genèse
spontanée ce mode de transformation.

La genèse spontanée est l'origine primordiale
de la vie........

Mais, une fois formés, les corps organisés produisent eux-mêmes de la matière organique et leurs tissus présentent à leur tour des phénomènes incontestés de genèse spontanée. De là, une genèse *hétérogénique* se manifestant en dehors de tout corps vivant et une genèse *homogénique* c'est-à-dire s'effectuant au sein même d'organismes semblables et préexistants.

De même que cette dernière ne donne jamais naissance qu'à des corps élémentaires, de même aussi l'hétérogénie ne peut produire que des êtres, animaux ou végétaux, d'une organisation fort simple.

Nous l'avouons donc en toute sincérité, les hétérogénistes seront toujours impuissants à satisfaire aux exigences de M. l'abbé Moigno qui, pour prix de sa conversion, voudrait « une souris »; encore bien plus à celles de M. le comte de Careil qui exigerait « un singe »!...,....

L'apparition sur la terre du lion et de l'éléphant, du chêne et du palmier a une origine tout autre et dont la science poursuit activement la recherche, depuis qu'elle a cessé de s'incliner devant les affirmations d'un autre âge. Le problème est tout entier compris dans cette question : y a-t-il eu filiation entre les espèces animales ? Ces dernières proviennent-elles de « transformations » lentement opérées durant le cours immense des âges, ou sont-elles le résultat de « formations immédiates », et l'espèce est-elle comme le veut Cuvier, fixe, invariable, prête à s'éteindre plutôt que de se modifier ?

Toutes les branches de la science des êtres organisés aboutissent en dernière analyse, à la variabilité, à la mutabilité des formes organiques :

L'anatomie philosophique, nous enseigne que les formes les plus éloignées en apparence peuvent sortir du même fond d'organisation :

L'examen attentif de la *série zoologique* nous montre des « formes de transition » entre les grandes divisions du règne animal, comme aussi entre les êtres divers qui composent ces groupes ;

L'embryogénie nous révèle que chaque être, pendant sa vie embryonnaire, revêt transitoirement les caractères des formes inférieures à la sienne, quel que soit le degré qu'il doive atteindre dans l'échelle organique ;

La paléontologie fait apparaître sous nos yeux les anneaux de transition absents dans la nature vivante, elle relie les faunes anciennes à la faune actuelle et nous montre dans les formes éteintes les souches des animaux d'aujourd'hui ;

La Tératologie, enfin, nous dévoile que les anomalies se produisent d'après les mêmes lois que l'organisation normale, et que des influences multiples peuvent faire dévier l'embryon de son type ordinaire et lui faire revêtir des caractères nouveaux, transmissibles par voie de génération.

Chacune des classes qui composent le règne animal, pourra-t-on dire, forcé par l'évidence ; chacune des divisions qui forment ces classes sont unies il est vrai par une chaîne intermédiaire fossile ou appartenant encore à la nature vivante, mais qu'est-ce qui démontre la « filiation » des chaînons? A cela nous répondons la science en main : indépendamment des preuves que nous fournit « l'embryogénie »; personne ne peut méconnaître l'importance des données « tératologiques » en histoire naturelle et chacun sait les homologies souvent inattendues qu'elles font découvrir. Or, de même que le retour anormal des organes floraux à l'état foliacé nous dévoile leur origine réelle; de même aussi, le retour d'un animal actuel aux caractères d'un type depuis longtemps disparu, nous montre la filiation qui existe entre les deux formes. Citons comme exemple le retour passager du cheval actuel aux caractères de l'*hipparion* de l'époque tertiaire établi par les travaux de MM. Gurlt, Hensel, Joly, Lavocat et Goubeaux.

La science est donc en mesure aujourd'hui d'affirmer que les animaux ne sont pas sortis un jour d'un germe resté latent depuis des siècles ; que les premiers mammifères, par exemple, n'ont jamais passé hors d'une matrice leur période embryonnaire, pas plus qu'ils ne sont apparus subitement avec leur pelage, adultes et prêts à se reproduire.

Mais, la mutabilité des formes organiques une fois démontrée en fait, la première partie du problème a seule reçu une solution. Le « mode » suivant lequel se sont opérées ces mutations reste encore à déterminer et, sur ce point, nous devons le dire, la science n'a pas définitivement prononcé ; la question à laquelle Darwin a, dans ces derniers temps, fait faire un si grand pas, est à l'étude.

La solution du problème de l'origine des espèces est encore incomplète, mais le principe de la mutabilité des formes organiques n'en est pas moins prouvé et admis par Lamarck, Geoffroy-St-Hilaire, Eugène Deslongchamps, Albert Gaudry, V. Meunier, G. Pouchet, E. Dally, la plupart des membres de la Société d'anthropologie de Paris, et défendu avec non moins de chaleur par R. Owen et Darwin en Angleterre, Huxley au collége des chirurgiens de Londres, Carl Vogt à l'Université de Genève, etc., etc.

Cette opinion gagne chaque jour du terrain, et dernièrement encore M. Laugel lui consacrait une page remarquable dans son livre des *Problèmes de la vie.* Ce savant a fait preuve dans ce chapitre, d'un véritable savoir et d'une critique impartiale que nous avons regretté de n'avoir pu constater à toutes les pages de son œuvre.

La mutabilité des espèces, étendue à l'homme, ravale, a-t-on dit, la dignité de son origine? Nullement. Chaque découverte nouvelle nous montre, au contraire, la nature plus grande que nous ne l'avions rêvée, et c'est avec raison que le professeur Huxley répondit à l'évêque d'Oxfort : « Si j'avais à choisir mes ancêtres entre un singe perfectible et un homme qui emploie son esprit à se moquer de la recherche du vrai, je préférerais le singe. »

« Nos chercheurs sont en chasse dit le Dr Georges Pouchet, nos paléontologistes furètent, creusent partout et voudraient remüer la terre d'un pôle à l'autre. Qu'ils l'avouent ou non, soyez sûr que tous n'ont qu'un rêve, une idée fixe, un but, trouver l'homme simien, détérer un crâne qui soit moins que celui d'un homme, plus que celui d'un singe. Et que diront alors ceux qui s'obstinent à croire qu'Eve est née de la côte d'Adam, Adam d'une bille d'argile et que tous les hommes descendent de Sem, Cham et Japhet, fils de Noé qui planta la vigne? »

Nous assignons donc aux espèces deux origines au moins : l'*Hétérogénie* et la *Mutabilité*, qui s'appellent et se complètent l'une l'autre. Nous ne pouvons savoir dans quelles limites l'hétérogénie a contribué à la création du règne organique, puisque cette question est étroitement liée à la détermination encore à faire du nombre de types primordiaux ; mais peu importent les limites de l'hétérogénie, puisque la mutabilité explique comment « avec le temps illimité comme condition », elle a pu contribuer médiatement à la production d'organismes supérieurs.

Il est vrai que dans nos expériences de laboratoire, où nous n'opérons que sur quelques grammes de matière, l'hétérogénie ne donne jamais naissance qu'à d'infimes infusoires mais nous pouvons cependant modifier à notre gré le degré de complexité des organismes que nous obtenons.

Opérons-nous en vases clos, avec des substances bouillies et de l'air calciné, nous ne voyons apparaître que les microzoaires les plus inférieurs ; *(monades, bactéries, vibrions.)*

Cessons-nous de paralyser la marche régulière des phénomènes en mettant, en présence de l'air normal, des substances possédant toutes leurs vertus de transformation, il se produit des êtres relativement fort complexes, des microzoaires ciliés. *(colpodes, paramécies, vorticelles.)*

Il n'est donc pas impossible, il est probable même, que la Nature, possédant toute sa liberté d'action, ait pu produire des organismes *plus parfaits encore* et que la mutabilité a ensuite perfectionnés dans le cours immense des siècles.

Nous ne pouvons donc limiter le nombre des types originairement produits.

C'est ce que nous avons essayé de démontrer dans notre travail sur la *Mutabilité des formes organiques* auquel nous renvoyons ceux qui voudraient étudier plus à fond cette importante question de la « Genèse de l'espèce. »

La *Genèse spontanée hétérogénique* ne produit jamais, nous l'avons dit, que des êtres d'une organisation relativement fort minime; les animaux supérieurs sont l'œuvre des siècles, le résultat de modifications multiples dans les formes organiques apparues spontanément. La *Genèse spontanée homogénique* de l'œuf des Mammifères ne donne pas non plus, au reste, immédiatement naissance à une organisation mammifère; l'embryon est obligé avant de présenter la complication du père, de passer dans le sein de sa mère par des phases multiples, de refaire le chemin que son espèce a suivi, partant des bas degrés de l'échelle animale, gravitant insensiblement vers le degré d'organisation que possède son parent, et il n'éclot à la vie extérieure et libre que lorsqu'il y est parvenu.

CONCLUSION.

La science, qui élimine les interventions trans-
cendantes, pénètre aujourd'hui les mystères dont
les religions avaient seules le secret et l'histoire
de l'origine des êtres vivants ne lui est pas plus
étrangère que celle du globe dont ils peuplent la
surface.

Nous voulons une conception positive du monde
et nous cherchons à substituer aux affirmations
gratuites d'un autre âge, un enchaînement de faits
démontrés.

Mais, il s'agit là, de bien autre chose que d'un
sujet de pure curiosité ; nous touchons à l'un des
problèmes les plus graves que l'homme puisse
aborder et peut-être, nous demandera-t-on si le
moment était vraiment venu d'entretenir le public
d'une question si controversée, si brûlante encore
au sein des académies.

Si nous nous adressons à des esprits non pré-
venus, — et cet écrit est uniquement destiné aux

chercheurs désintéressés du vrai — nous ne craignons pas de leur répondre par l'affirmative. Il importe de connaître les différentes phases par lesquelles passent les grandes questions scientifiques, d'assister à leur évolution, de savoir jusqu'aux entraves que la Vérité rencontre avant de triompher.

Nous avons dans ce livre, essayé de montrer que la doctrine de la *Panspermie* ne pouvait plus se soutenir devant les faits acquis à la science. Il est certain, d'ailleurs, que depuis longtemps cette vieille hypothèse perd chaque jour du terrain ; elle est aujourd'hui lettre morte pour le plus grand nombre et ne doit son reste d'autorité qu'à deux ou trois noms influents. La doctrine de l'*Hétérogénie* que nous lui avons substituée ne vient donc pas, à proprement parler, usurper une place occupée, elle prend une place à demi-vacante.

La genèse spontanée hétérogénique consiste, nous l'avons dit, dans la production d'un être organisé nouveau, sans parents et dont les éléments primordiaux sont tirés de la matière ambiante organique. Elle se manifeste toutes les fois qu'un liquide putrescible est exposé au contact de l'air, dans des conditions données de chaleur, de lumière et d'électricité.

Les faits suivants dont la Panspermie ne peut rendre compte, élèvent au contraire l'Hétérogénie à la hauteur d'un fait :

L'examen microscopique de la poussière de l'air, démontre qu'elle ne saurait être regardée comme le réceptacle des corps reproducteurs des animalcules ou des plantes qui apparaissent dans les infusions. Parfois riche en principes organiques, elle ne contient que *par exception* quelqu'œuf de microzoaire ou quelque spore de cryptogame et, les corpuscules aériens, pris jusqu'ici pour des germes, ont été confondus avec des grains d'amidon ou des granules de silice;

L'expérience directe et à ciel ouvert prouve qu'il n'est pas non plus possible de donner pour origine aux protoorganismes des infusions, des atômes ou germes imperceptibles, autres que des ovules ou des spores;

Les caractères physiques d'un grand nombre de ces derniers sont connus, et les Panspermistes n'ont jamais pu les rencontrer dans l'air. Les limites de leur résistance vitale sont calculées, et ils apparaissent dans des milieux préalablement soumis à des températures excédant de beaucoup ces limites;

On peut, sans entraver la production d'organismes, substituer à l'air atmosphérique, de l'air fortement calciné, de l'air lavé dans de l'acide sulfurique concentré, de l'air artificiel ou de l'oxygène. On peut, également, remplacer l'eau ordinaire par de l'eau bouillie ou par de l'eau obtenue artificiellement. On peut enfin, soit par la voie sèche, soit par la voie humide, porter le corps putrescible à des températures extrêmes. Il se produit donc des microzoaires et des mycrophytes dans des milieux absolument privés de tout vestige d'organisme vivant ;

On ne rencontre jamais d'infusoires ciliés lorsqu'on opère en vases clos et avec des liquides bouillis. On obtient, à volonté, des infusoires ciliés ou non ciliés, des animalcules ou des plantes : il suffit, pour cela, de faire varier les conditions de l'expérience ;

La production de protoorganismes est proportionnelle à la quantité de matière putrescible employée et non pas à celle de l'air comme cela devrait avoir lieu dans l'hypothèse panspermiste ;

Sous un même volume donné d'air mis successivement en contact avec des infusions diverses, on voit se développer des faunes et des flores différentes ;

La production des microzoaires non ciliés se fait en raison directe du cube de la masse de liquide fermentescible et, celle des Infusoires ciliés, en raison inverse du carré de la surface de ce même liquide ;

Toujours l'apparition d'un organisme compliqué est précédée de celle de formes inférieures dont souvent il dérive : et, l'observation microscopique permet de suivre, jusque dans ses plus infimes détails, sa genèse, son développement et son éclosion.

Les phénomènes de genèse spontanée, si intenses lorsque leur marche régulière est respectée, se manifestent encore, tout en s'amoindrissant successivement, à mesure qu'on multiplie les entraves, pour cesser enfin de se produire lorsque les phénomènes de fermentation et de putréfaction sont eux-mêmes empêchés. Les hypothèses mises en avant par les défenseurs de la panspermie, pour expliquer leurs résultats, ne découlent pas nécessairement de leurs expériences. Enfin, les expériences invoquées jusqu'à ces derniers temps contre la genèse spontanée hétérogénique ont été démontrées sans valeur, reconnues telles par les panspermistes eux-mêmes et celles qui ont été récemment entreprises dans le même but, sont toutes entachées de quelque cause d'erreur. Il n'en est pas une seule dont les hétérogénistes ne puissent expliquer les résultats sans avoir recours à l'hypothèse de germes préexistants.

L'Hétérogénie est donc une vérité démontrée et, non-seulement elle nous rend compte de l'apparition de ces myriades d'animalcules qui peuplent les infusions, mais elle nous révèle comment la vie a pu apparaître sur la terre primitivement minérale.

Si l'on rejette la formation spontanée des germes, dit le célèbre auteur du *Système des contradictions économiques*, force est d'admettre leur éternité.... Ainsi la négation de la génération spontanée ramène l'hypothèse de cette spontanéité. L'expérience démontre, d'ailleurs, que la Matière peut successivement revêtir les trois formes inorganique, organique et organisée.

Mais la genèse spontanée ne produit jamais que des organismes relativement fort simples. Elle est le premier degré de l'organisation. Lorsqu'elle se manifeste au sein de tissus préexistants, elle ne donne non plus naissance qu'à des éléments anatomiques. Elle est donc impuissante à nous rendre compte de l'apparition des animaux supérieurs ; il faut en chercher ailleurs l'explication.

La solution du problème de la genèse des espèces animales et végétales qui se succédèrent sur notre planète aux diverses périodes de son histoire, sousentend celle d'un grand nombre de questions qui, toutes, n'ont pas encore acquis le même degré de certitude. Notre tâche se résume donc à chercher la conclusion la plus en harmonie avec l'état actuel de nos connaissances.

Or, toutes les branches de la science des êtres organisés aboutissent, en dernière analyse, à la variabilité sous l'influence des milieux, de ce que l'on est convenu d'appeler *espèces*. Ces dernières proviennent de transformations lentement opérées durant les siècles. ainsi que le démontrent notamment les nombreuses formes intermédiaires qu'exhume chaque jour la paléontologie et, le retour passager et tératologique de certains animaux aux caractères de types disparus.

Si donc, la Genèse spontanée ne fit, comme aujourd'hui, apparaître à l'origine que des organismes relativement élémentaires ; elle a suffi à produire des types dont la Mutabilité s'est emparée et qu'elle a successivement perfectionnés.

L'Hétérogénie et la Mutabilité se complètent l'une l'autre. Elles fournissent une conception positive du monde qu'elles expliquent par des lois immanentes à la matière.

Dans les sciences d'observation , tout fait en dehors de la phénoménalité est ultra-expérimental et partant, ultra-scientifique. Cette vie même , comme le dit Proudhon , ne devient une réalité intelligible qu'en deçà du phénomène ; au delà , ce n'est plus qu'une hypothèse,

Enfin , la doctrine que nous professons a l'avantage immense de lier le présent au passé et à l'avenir !

TRAVAUX A CONSULTER
SUR LA GÉNÉRATION SPONTANÉE

(Rangés par ordre chronologique).

Aristote. Histoire des animaux. Édition de 1783, Paris. — *Traité de la génération.*

Harvey. Exercitationes de generatione animalium. London, 1651.

Redi. Experienzi intorno alla generazione degli insetti. Florence, 1668.

Willis. De fermentatione. Opera omnia. Genève, 1680.

Redi. Osservazioni intorno animali viventi che si trovano negli animali viventi 1681.

Andry. De la génération des vers dans le corps de l'homme. Paris 1741.

Joblot. Observations d'histoire naturelle faites avec le microscope, 1754.

Needham. Nouvelles recherches sur les découvertes microscopiques. — Notes sur les nouvelles découvertes microscopiques de Spallanzani. — Nouvelles recherches physiques et mathématiques sur la nature. Paris, 1768.

Ch. Bonnet. Lettre sur les animalcules, adressée à Spallanzani, 1771 (œuvres de Spallanzani). Considérations sur les corps organisés. Paris, 1772.

Kircher. Mundus subterraneus. Cap. de Panspermia rerum. Amsterdam, 1778.

Ingenhousz. Journal de physique, 1784.

Spallanzani. Opuscules de physique animale et végétale. Pavie, 1787. — Observations et expériences sur les animalcules.

Gleichen. Dissertation sur la génération des animalcules spermatiques et des infusoires. Paris, an VII.

Ingenhousz. Expériences sur les végétaux. Paris, 1800.

Lamarck. Système des animaux sans vertèbres. Paris, 1801. Recherches sur l'organisation des corps vivants. Paris, 1802. Philosophie zoologique. Paris, 1809.

Bulliard. Histoire des champignons de France. Paris, 1809.

Lamarck. Histoire naturelle des animaux sans vertèbres. Paris, 1815.

Fray. Essai sur l'origine des corps organisés et inorganisés. Paris, 1817.

Lamarck. Système des connaissances positives. Paris, 1820.

Treviranus. Biologie. Gottingue, 1822.

Bremser. Traité zoologique et physiologique des vers intestinaux. Paris, 1824.

Dumas. Annales des sciences naturelles. — Dict. class. d'hist. nat. Paris, 1825. art. GÉNÉRATION.

Bory de St-Vincent. Dict. class. d'hist. natur. 1826. art. *Matière , microscopique , chaos, création.*

Schultze. Edinburgh new philosophical journal , octobre 1827.

Expériences sur les générations équivoques. Ann. sc. nat., 2e série. Zoologie, t. VIII, p. 320.

Bourdon. Principes de physiologie comparée, 1830.

Tiedemann. Traité de physiologie de l'homme. Paris, 1831, t. I, p. 119.

Morren. Essai pour déterminer l'influence qu'exerce la lumière sur le développement des végétaux et des animaux dont l'origine avait été attribuée à la génération spontanée. Ann. des sc. nat. 1835.

Flourens. Cours sur la génération, l'ovologie et l'embryologie. Paris 1836.

Schultze. Annales de Poggendorf. 1837.

Schwann. Observations microscopiques sur l'analogie de structure et d'accroissement des végétaux et des animaux. Ann. sc. nat.

Burdach. Traité de physiologie. (Trad. de Jourdan.) Paris, 1837.

Cagnard de la Tour. Mémoire sur la fermentation vineuse. Comptes-rendus 1837 t. IV, page 905.

Ehrenberg. Les animaux infusoires, considérés comme des êtres organiques parfaits. Leipsick, 1838.

F. Pouchet. Sur le développement du vitellus de certains mollusques. Ann. franç. et étrang. d'anat et de physiol., t. II, p. 253. Paris, 1838.

Dujardin. Histoire naturelle des infusoires, Paris 1841.— Art. *Infusoires* du dict. de d'Orbigny. Tome VII.

Stein. Recherches sur le développement des vorticelles. Ann. sc. nat. zoologie, 1842.

Dumas. Essai de statique chimique des êtres organisés. Paris, 1842.

Doyère. Mémoire sur les Tardigrades. Ann. sc. nat., zoologie, 1842.

R. Owen. Lecture of the comparative anatomy and physiology of the invertebrate animals. London 1843.

J. Muller. Manuel de physiologie. Paris, 1845.

Kutzing. Sulla metamorfosi degli iufusori in alghe inferiori. Giornale dell' J. R. instituto Lombardo di scienze, lettere ed arti. Milano, 1845.

Pineau. Recherches sur le développement des animalcules infusoires et des moisissures. —Supplément aux recherches sur le développement des animalcules infusoires. Ann. sc. natur. zoologie, 1845, t. III, p. 182; t. IV, p. 103.

Bouchardat. Ferments alcooliques. Supplément de l'Annuaire de thérapeutique pour 1846.

F. Pouchet. *Théorie positive de l'ovulation spontanée* et de la fécondation dans l'espèce humaine et les mammifères, vol. in-8° avec atlas. J.-B. Baillière et fils, 1847.

Ch. Robin. Des Fermentations. Paris, 1847.

Pineau. Observations sur les animalcules infusoires. Ann. sc. nat. zoologie, 1848.

Spring. Sur une Mucédinée développée dans la poche abdominale d'un pluvier doré. Bull. de l'acad. roy. de Bruxelles, 1848.

De Quatrefages. Études embryogéniques. Ann. sc. nat. zoologie, t. X, pl. III, fig. 3, 1848.

Gould. An introduction to the Birds of Australia. Lond. 1848.

F. Pouchet. Recherches sur les organes de la circulation, de la digestion et de la respiration des infusoires. Comptes-rendus de l'Acad. des sciences. 1848-49.

Bost (Jean-Augustin) dictionnaire de la bible. Paris 1849.

P. Mantegazza. Recherches sur la génération des infusoires et description d'une nouvelle espèce; broch. in-4. Milan 1852. (Extrait du t. III du Journal de l'Institut impérial et royal lombard des sciences, lettres et arts; nouvelle série.)

Kuchenmeister. Mémoire présenté à l'Académie des sciences en 1853, avec cette devise : *Omne vivum ex ovo; generatio æquivoca nulla.*

Koren et Danielssen. Recherches sur le développement des pectinibranches. — Ann. sc. nat., zoologie, t. XIX, p. 89, pl. XIX, fig. 2, 1853.

P. Laurent. Études physiologiques sur les animalcules des infusions végétales. Nancy, 1854.

Gros. De la génération primitive ascendante, facultative. *dans* Bull. Soc. imp. des nat. de Moscou, 1854.

Lereboullet. Embryolog. comparée de la perche, du brochet et de l'écrevisse. — Ann. sc. natur., zoologie, 1854, t. I, p. 239.

La Caze-Duthiers. Recherches sur les organes génitaux des acéphales lamellibranches. — Ann. sc. nat., zoologie, 1854, t. II, p. 155. pl. VII, fig. 6.

A. Bandrimont. Observation des êtres microscopiques de l'atmosphère terrestre. Comptes-rendus de l'Acad. des sc., t. XLI, p. 542, 1855.

Dufossé. De l'hermaphrodisme chez certains vertébrés. — Ann. sc. nat., zoologie, 1856, t. V, p. 295.

E. Davaine. Mémoire sur les Anguillules de la nielle. Mém. soc. Biol, 1856.

Recherches sur la vie latente chez quelques animaux et quelques plantes. Mém. soc. Biol, 1856.

Hoffmann. Mém. sur la germination des spores Botanische zeitung. 1857 et Congrès des nat. allem., 1857.

Clos. Origine des champignons. Toulouse, 1858.

Bosc. Mémoire sur la génération spontanée.

Bonifas. De la génération spontanée. Paris, 1858.

Balbiani. Génération sexuelle chez les infusoires. — Journ. de la physiol. de l'homme et des animaux. Paris, 1858, p. 349.

F. Pouchet. Note sur des Proto-organismes végétaux et animaux nés spontanément dans de l'air artificiel et dans le gaz oxygène. — Comptes-rendus de l'Ac. des sc., 1858. t. XLVII, p. 979.

Pouchet et Houzeau. Note sur le développement de certains proto organismes dans de l'air artificiel. — Comptes-rendus de l'Ac. des sc., 1858, t. XLVII, p 982.

Milne Edwards. Remarques sur la valeur des faits qui sont considérés par quelques naturalistes comme étant propres à prouver l'existence de la génération spontanée des animaux. — Comptes-rendus de l'Ac. des sc., 1859. T. XLVIII, p. 23.

Payen. De Quatrefages. Claude Bernard. Dumas. Lacaze Duthiers. Observations à propos du mémoire précédent. *Idem.* p. 29, 30, 33, 35, 118.

F. Pouchet. Remarques sur les objections relatives aux proto organismes rencontrés dans l'oxygène et l'air artificiel. — Comptes-rendus, 1859, t. XLVIII, p. 148.

Lettre à M. Flourens, sur les générations spontanées, avec envoi d'un spécimen. — Comptes-rendus de l'Acad. des sc., 1859, t. XLVIII, p. 220.

Van Beneden. Discours sur les générations spontanées. — Comptes-rendns de l'Acad. des sc., 1859, t. XLVIII, p. 383.

Gaultier de Claubry Note relative aux générations spontanées des végétaux et des animaux. — Comptes rendus de l'Ac. des sc., 1859, t. XLVIII, p. 334.

Jobard. De la vitalité des germes. — Comptes-rendus de l'Ac. des sc., 1859, t. XLVIII, p. 334.

F. Pouchet. Etudes sur les corpuscules en suspension dans l'atmosphère. — Comptes-rendus de l'ac. des sc., 1859, t. XLVIII. p. 546.

Lettres à M. V. Meunier, sur l'hétérogénie. Ami des sciences, 1859, page 86, 133.

F. Lauras. Pour servir à l'histoire des générations spontanées. Ami des sciences, 1859, p. 232.

Marchal (de Calvi) Idée de la Bio-pathologie. Union médicale, 18, 25 janvier, 10, 24 février, 15 mars, 5, 19 avril, 14 juin 1859.

G. Pennetier. Mémoire sur la revivification des Rotifères. Ami des sc , 1859, p. 243.

Mémoire sur les Tardigrades. Ami des sciences, 1859, page 289.

F. Pouchet. Recherches et expériences sur les animaux ressuscitants. In-8, Paris. J.-B. Baillière, 1859.

Ch. Tinel. Expériences sur la revivification des rotifères. Union médicale 23 avril 1859. —Note sur les rotifères et les tardigrades. Adressée à la Société de biologie, mai 1859. —Recherches sur les tardigrades. Union médicale 26 mai 1859. —Lettre sur la revivification. Union médicale 16 juin 1859.

L. Doyère. Lettres sur la reviviscence : A M. Maximin Legrand. Union médicale, 20 avril 1859. — A M. Louis Fleury, journal le Progrès, 1859, t. III, p. 477-574. — A M. Moigno, Cosmos, 3 juin 1859 — A M. Amédée Latour, Union médic., 4 juin 1859 et 19 mai 1861 — A M. Victor Meunier, Ami des sc., 1859, p. 685.

G. Pennetier. Lettres sur la reviviscence : journ. le Progrès, 1859, t. III, p. 547 et 608. — Ami des sc., 1859, p. 447 et 697.

Davaine. Recherches sur les conditions de l'existence ou de la non existence de la reviviscence chez les espèces appartenant au même genre. Ami des sc., 1859, p. 395.

F. Pouchet et G. Pennetier. Mémoire sur la revivification des rotifères des toits, adressé à la Société de biologie, mai 1859.

Moigno. Note sur les résurrections. Cosmos, 1859, p. 591.

Strauss-Durkheim. Relation d'une observation de reviviscence faite en 1830. Cosmos 27 mai 1859.

F. Pouchet. Note sur les résurrections. Cosmos, 1859, p. 635.

L. Fleury. De la génération spontanée. Journ. le Progrès, 1859, t. III, p. 39, 66, 100.

L. Doyère. De la génération spontanée ; lettre à M. le prof. Pouchet. Journal le Progrès, t. III, p. 118, 1859.

F. Pouchet. Des générations spontanées ; réponse à la lettre de M. L. Doyère. *Idem*, p. 177.

L. Doyère. 2e Lettre à M. Pouchet. Journ. le Progrès, 1859, t. III, p. 225

F. Pouchet. Réponse à M. Doyère. *Idem*, p. 344 et Moniteur des hôpitaux, numéro du 29 mars 1859.

L. Doyère. 3e Lettre à M. Pouchet sur les générations spontanées. Journ. le Progrès, 1859, t. III, p. 365.

F. Pouchet. Réponse à M. Doyère, relativement à sa lettre du 4 avril, sur les générations spontanées. *Idem*, p. 421.

L. Doyère. 4e Lettre à M. Pouchet. Ami des sc., 1859, p. 689.

F. Pouchet. Réponse à M. Doyère. *Idem*, p. 690.

L. Fleury. Génération spontanée et revivification. Journ. le Progrès, 1859, t. III, p. 449.

L. Doyère. Mémoire sur la revivification. Le Progrès, 1859, t. III, p. 645, 673, 701, 729.

L. Fleury. De la reviviscence. Journ. le Progrès, 1859, t. IV, p. 449.

G. Pennetier. Mémoire sur les anguillules des toits, adressé à la Soc. de Biol., juillet 1859.

J. Gavarret. Quelques expériences sur les Rotifères, les Tardigrades et les Anguillules des mousses des toits. Gazette hebdomadaire de médecine et de chirurgie, 1859, t. VI, p. 710.

F. Pouchet. Nouvelles expériences sur les animaux pseudo-ressuscitants. Comptes-rendus 1859, t. XLIX, p. 492.

F. Pouchet. Expériences sur la résistance vitale des animalcules pseudo-ressuscitants. Comptes-rendus de l'Acad. des sciences, 1859, t. XLIX, p. 886.

Gigot. Recherches expérimentales sur la nature des émanations marécageuses. Paris, 1859.

F. Pouchet. Hétérogénie ou traité de la génération spontanée, in-8. Paris, J.-B. Baillière, 1859, avec pl.

Victor Meunier. Ami des sc. 1859. — Articles relatifs aux générations spontanées et à la revivi-cence.

V. Chatel (de Vire). Un monde d'animalcules dans un débris de truffe. — Notice. Vire, 1859.

G. Pennetier Nouvelles recherches sur les Anguillules des toits.
Ami des sciences, 1860, p. 51.

J. Gavarret. Nouvelles expériences sur les Rotifères, les Tardigrades et les Anguillules des mousses des toits.
Journ. le Progrès, 1860, t. V, p. 1.

L. Fleury. Lettres sur les générations spontanées : A M. Maximin Legrand, journal le Progrès, 1860, t. V, p. 54. — — A M. Amédée Latour. *Idem*, p. 88.

F. Pouchet. Lettres sur les générations spontanées : A M. Amédée Latour. Journ. le Progrès, 1860, t. V, p. 56. — A M. L. Fleury. *Idem*, p. 89. — A M. Moigno. *Idem*, p. 381. — A M. Maximin Legrand. Union méd., 26 mai 1860.

Doyère. Lettre sur la revivis-cence, 29 janvier 1860. Ami des sc., 1860, p. 89.

Pouchet. Pennetier. Tinel. Lettre sur la question des ré-surrections, 6 février 1860. *Idem.*, p. 111.

Doyère. Sur le prix proposé par MM. Pouchet, Pennetier et Tinel; 15 février 1860. *Idem.*, p. 127.

G. Pennetier. Lettre à M. Doyère, 19 février 1860. *Id.*, p. 143.

P. Broca. Etudes sur les animaux ressuscitants. — Rapport lu à la soc. de biol. en mars 1860. Paris, 1860. Adrien Delahaye.

G. Pennetier. De la revivis-cence et des animaux dits ressuscitants. Actes du Muséum d'histoire naturelle de Rouen, t. I, p. 49. — broch. in-8., Rouen, 1860.

Balbiani. Sur un cas de parasitisme faussement pris pour un mode de reproduction des infusoires ciliés. Ami des sciences, 1860, p. 589.

Pasteur. Expériences relatives aux générations dites spontanées. — Comptes-rendus, 6 février 1860, t. L, p. 303.

F. Pouchet. Une expérience à l'air libre sur les générations spontanées. Ami des sc., 23 février 1860, p. 148.

Corps organisés recueillis dans l'air par les flocons de neige. — Comptes-rendus, 12 et 19 mars, 1860. t. L, p. 532 et 572.

Joly et Musset. Etude microscopique de l'air. — Comptes-rendus, 26 mars 1860, t. L, p. 647.

F. Pouchet. Moyen de rassembler, sur un très petit espace, tous les corpuscules normalement invisibles contenus dans un volume d'air déterminé. *Aéroscope*. — Comptes-rendus, 16 avril 1860, t. L, p. 748.

Pasteur. De l'origine des ferments. Nouvelles expériences relatives aux générations dites spontanées. Comptes-rendus, 7 mai 1860, t. L, p. 849.

N. Joly et Ch. Musset. Nouvelles expériences sur l'hétérogénie. — Comptes-rendus de l'Académie des sciences, t. L, p. 934, 21 mai 1860.

G. Pennetier. Lettre à M. le Dr Fleury. Journal du Progrès, 25 mai 1860, p. 666.

F. Pouchet. Genèse des proto-organismes dans l'air calciné et à l'aide de corps putrescibles portés à la température de 150 degrés.

Comptes-rendus de l'Acad. des sc., 4 juin 1860, t. L, p. 1014.

L. Pasteur. Lettre sur la fermentation alcoolique.

Comptes-rendus, 11 juin 1860, t. L, p. 1083.

F. Pouchet. Recherches sur les corps introduits par l'air dans les organes respiratoires des animaux.

Comptes-rendus de l'Acad. des sc., 18 juin 1860, t. L, page 1121.

Balbiani. De la reproduction fissipare chez les infusoires ciliés.

Comptes-rendus, 25 juin 1860, t. L, p. 1191.

Pasteur. Note relative au *Penicillium glaucum* et à la dissymétrie moléculaire des produits organiques naturels. Comptes-rendus, 20 août 1860, t. LI, p. 298.

Nouvelles expériences relatives aux générations dites spontanées.

Comptes-rendus, 3 septembre 1860, t. LI, p. 348.

F. Pouchet. Analyse microscopique de l'air atmosphérique en différents lieux, pour servir à l'histoire des générations spontanées.

Comptes-rendus, 1er octobre 1860, t. LI, p. 524.

Joly et Musset. Nouvelles expériences sur l'hétérogénie, au moyen de l'air contenu dans les cavités closes des végétaux.

Comptes-rendus, 22 octobre t. LI, p. 627.

L. Pasteur. Suite à une précédente communication relative aux générations dites spontanées.

Comptes-rendus, 5 novembre 1860, t. LI, p. 675.

Boussingault. Observations relatives au développement des mycodermes.

Comptes-rendus, 5 novembre 1860, t. LI, p. 671.

Pasteur. Recherches sur le mode de nutrition des Mucédinées. Comptes-rendus, 12 novembre 1860, t. LI, p. 709.

Barral. Mémoire sur la présence des matières phosphorées dans l'atmosphère.

Comptes-rendus, 19 novembre 1860, t. LI, p. 769.

Claude Gigon. Coup d'œil sur la doctrine des générations spontanées chez les anciens.

Union médicale, 1860, numéros 64, 65, 71, 75.

Hermann Hoffmann. Etudes mycologiques sur la fermentation.

Bulletin de la Société botanique de France, 1860, t. VII, p. 180.

Pasteur. Mémoire sur la fermentation alcoolique.

Ann. chim. et phys. 3e série, 1860, t. LVIII, p. 323.

Longet. Traité de physiologie, 2e édit. Paris, 1860-61 (art. génération spontanée).

Pouchet. Résistance vitale des organismes inférieurs. Suppuration de l'invisible. Actes du muséum d'histoire naturelle de Rouen, t. I, p. 95.

Lois fondamentales de la genèse spontanée. *Idem*, p. 119.

Générations spontanées, état de la question en 1860. Union médicale, février 1861; et brochure in-8. Paris, 1861.

Pasteur. De l'influence de la température sur la fécondité des spores des mucédinées.

Comptes-rendus, 7 janvier 1861, t. LII, p. 16.

Joly et Musset. Nouvelles expériences sur l'hétérogénie.

Comptes-rendus, 21 janvier 1861, t. LII, p. 99.

F. Pouchet. De la nature et de la genèse de la levûre dans la fermentation alcoolique.

Comptes-rendus, 18 février 1861, t. LII, p. 284.

Pasteur. Animalcules infusoires vivant sans oxygène libre et déterminant des fermentations.

Comptes-rendus, 25 février 1861, t. LII, p. 344.

Faure. Des animaux ressuscitants.

Gazette médicale de l'Algérie, 1861, numéro 9.

F. Pouchet. Lettre à M. Jobard sur la génération spontanée.

Ami des sciences, 1861, p. 343.

Baldari. Mémoire sur la question des générations dites spontanées.

Comptes-rendus, 1861, t. LII, p. 657.

Terreil. Observations sur les générations dites spontanées.

Comptes-rendus, 29 avril 1861, t. LII, p. 851

Béchi. Sur l'air des Marennes de Toscane.

Comptes-rendus, 29 avril 1861, t. LII, p. 852.

F. Pouchet. Expériences sur l'hétérogénie exécutées à l'air libre.

Moniteur scientifique, 1861, t. II, p. 1004.

Jodin. Développement des Mucédinées dans des dissolutions salines sursaturées.

Comptes-rendus, 3 juin 1861, t. LII, p. 1143.

Pasteur. Expériences et vues nouvelles sur la nature des fermentations. Comptes-rendus, 17 juin 1861, t. LII, p. 1260.

Jodin. Recherches sur le développement des Mucédinées.

Comptes-rendus, juillet 1861, t. LIII, p. 28.

Joly et Musset. Recherches sur l'origine, la germination et la fructification de la levûre de bière.

Comptes-rendus, 21 août 1861, t. LIII, p. 368.

Pasteur. Rectification d'un passage d'une note présentée à l'Académie par MM. Joly et Musset. *Idem*, p. 403.

Joly et Musset. Note en réponse à la réclamation de M. Pasteur insérée aux comptes-rendus (séance du 2 septembre); *idem*, p. 515 (16 septembre).

Jodin. Mémoire sur la fermentation alcoolique spontanée; études chimiques sur les produits de la fermentation alcoolique d'extrogyre.

Comptes-rendus, 1861, t. LIII, p. 1252.

T. L. Phipson. PROTOCTISTA, ou la science de la création au point de vue de la chimie et de la physiologie.

Journal de Pharmacologie, 17e vol., numéro de décembre 1861.

Paul Laurent. De l'Hétérogénie.

Ami des sciences, 1860, p. 660, 681, 775. Idem, 1861, p. 87.

Joly. Une séance à la Sorbonne en 1861. Mém. de l'Académie des sciences de Toulouse.

F. Pouchet. Les créations successives et les soulèvements du globe.

Union médicale, 7-11 janv. 1862.

Pasteur. Mémoire sur le rôle des Mycodermes dans la fermentation acétique.

Comptes-rendus, 1862, t. LIV, p. 160 et 265.

Suite à une précédente communication sur les Mycodermes; nouveau procédé industriel de fabrication du vinaigre.

Comptes-rendus, 7 juillet 1862, t. LV, p. 28.

Couerbe. Observation à propos du mémoire de M. Pasteur sur le rôle des Mycodermes dans la fermentation acétique.

Comptes-rendus, 1862, t. LIV, p. 503.

Salles. Mémoire concernant la question des générations spontanées.

Comptes-rendus 1862, t. LIV, p. 207.

Schaaffhausen. Sur l'origine des algues et sur les métamorphoses des monades.

Comptes-rendus, 12 mai 1862, t. LIV, p. 1046.

Musset. Nouvelles recherches expérimentales sur l'hétérogénie ou génération spontanée, in-4. Toulouse, juin 1862.

Joly et Musset. Nouvelles études sur l'hétérogénie.

Comptes-rendus 1862, t. LV, p. 487, 488, 490.

Pasteur. Mémoire sur les corpuscules organisés qui existent dans l'atmosphère. Examen de la doctrine des générations spontanées.

Ann. chim. et phys., 3e série, t. LXIV, et broch. in-8. Paris, 1862.

Pouchet, Joly et Musset. Envoi de pièces manuscrites et imprimées concernant la question de l'hétérogénie et relatives au concours pour le prix Alhumbert.

Comptes-rendus 1862, t. LV, p. 544.

M. Pouchet retire ses pièces du concours, p. 758; MM. Joly et Musset également, p. 836.

Samuelson et Balbiani. Recherches relatives à la question des générations spontanées.

Comptes-rendus 1862, t. LV, p. 569.

F.-V. Jodin. Sur la transformation isomérique du sucre de canne sous l'influence d'un ferment spécifique.

Comptes-rendus, 10 novembre 1862, t. LV p. 720.

Aubert. Schwickardi. Envoi d'une note concernant des observations qu'il croit propres à jeter du jour sur la

question des générations spontanées.

Comptes-rendus, 10 novembre
1862, t. LV, p. 726.

Muston. Expériences sur la
fermentation des liquides.

Comptes-rendus 1862, t. LIV,
p. 769.

Jodin. Du rôle physiologique
de l'oxygène étudié spécialement chez les mucédinées et
les ferments.

Comptes-rendus 1852, t. LIV,
p. 917.

Pouchet, Joly et Musset.
Note adressée à la Commission
des expériences relatives à la
génération spontanée.

Revue des cours scientifiques,
1863-64.

Pouchet. Études expérimentales sur la genèse spontanée.
Annales des sciences naturelles,
1862.

Ezio Castoldi. I fenomeni
della generazione spontanea.
Milano, 1862.

Jeffries Wyman. Experi-
ments on the Formation of
Infusoria in Boiled Solutions
of Organic Matter, enclosed
in hermetically Sealed Ves-
sel, and supplied with Pure
Air. Cambridge, 1862.

Claude Bernard. Rapport
sur le concours pour le prix
Alhumbert de 1862.

Comptes-rendus, 1862, t. LV,
p. 977.

Pancreri. Pénétration des cryptogames à travers la coquille
des œufs de poule, 1862. Mémoire publié à Milan dans les
Atti della Società Italiana di
Scienze naturali, T. II.

F. Pouchet. Générations spontanées, résumé des travaux
physiologiques sur cette question et ses progrès jusqu'en
1863. Broch. in-8. Rouen,
1863.

Milne Edwards. Du mode de
formation des animaux et de
l'hypothèse des générations
spontanées.

Revue des cours scientifiques,
1863-64.

Pasteur. Nouvel exemple de
fermentation déterminée par
des animalcules infusoires
pouvant vivre sans gaz oxygène libre, et en dehors de
tout contact avec l'atmosphère.

Comptes-rendus, 9 mars 1863, t.
LVI, p. 416.

Examen du rôle attribué au gaz
oxygène atmosphérique dans
la destruction des matières
animales et végétales après la
mort.

Comptes-rendus, 20 avril 1863,
t. LVI, p. 734.

Sur la présence de l'acide acétique parmi les produits de la
fermentation alcoolique.

Comptes rendus, 25 mai 1863,
t. LVI, p. 989.

Béchamp. Sur l'acide acétique
de la fermentation alcoolique.

Comptes-rendus, 8 juin 1863,
t. LVI, p. 1086.

Pasteur. Note relative à une
communication de M. Bé-
champ, insérée aux comptes-
rendus du 8 juin.

Comptes-rendus, 15 juin 1863,
t. LVI, p. 1109.

Recherches sur la putréfaction.
Comptes-rendus, 29 juin 1863,
t. LVI, p. 1189.

Duclaux. Note sur la germination des corpuscules organisés qui existent en suspension dans l'atmosphère.

Comptes-rendus, 29 juin 1863, t. LVI, p. 1225.

Béchamp. Sur l'acide acétique de la fermentation alcoolique.

Comptes-rendus, 29 juin 1863, t. LVI, p. 1231.

Joly, Examen critique du mémoire de M. Pasteur relatif aux générations spontanées.

Moniteur scientifique, Quesneville, 1er juillet 1863. — Mémoires de l'Acad. des sciences de Toulouse, vie série, t. I, p. 215.

Samuelson. Recherches de micrographie atmosphérique.

Comptes-rendus, 13 juillet 1863, t. LVII, p. 87.

Raulin. Etudes chimiques sur la végétation des Mucédinées, particulièrement de *l'Ascophora nigrans*.

Comptes-rendus, 27 juillet 1863, t. LVII, p. 228.

Davaine. Recherches sur les infusoires du sang dans la maladie connue sous le nom de sang de rate.

Comptes-rendus, 27 juillet 1863, t. LVII, p. 220 et 386.

Millon. Faits nouveaux concernant les métamorphoses alcooliques.

Comptes-rendus, 27 juillet 1863, t. LVII, p. 235.

Manmené. Sur la question de l'acide acétique annoncé comme un produit de la fermentation alcoolique.

Comptes-rendus, 17 août 1863, t. LVII, p. 398.

Jodin. Etudes sur les modifications du sucre de canne sous l'influence des ferments alcooliques.

Comptes-rendus, 24 août 1863, t. LVII, p. 434.

Donné. Expériences sur l'altération spontanée des œufs.

Comptes-rendus, 24 août 1863, t. LVII, p. 448.

Ch. Musset. Les hétérogénistes dans les glaciers de la Maladetta, par le docteur Karl. Broch. in-8 Toulouse, 1863.

Pouchet, Joly et Musset. Expériences sur l'hétérogénie exécutées dans l'intérieur des glaciers de la Maladetta (Pyrénées).

Comptes-rendus, 21 septembre 1863, t. LVII, p. 558.

Lemaire. Sur le rôle des infusoires dans la germination.

Comptes-rendus, 21 septembre 1863, t. LVII, p. 562.

Nouvelles recherches sur les ferments et les fermentations.

Comptes-rendus, 28 septembre 1863. — Journal les Mondes, 1re année, t. II, 9e livraison, p. 245, 1er octobre 1863.

Nouvelles recherches sur les ferments et les fermentations.

Comptes-rendus, 12 octobre 1863, t. LVII, p. 581 et 625.

Béchamp. Sur l'utilité et les inconvénients des cuvages prolongés dans la fabrication du vin. Sur la fermentation alcoolique dans cette fabrication.

Comptes-rendus, 19 octobre 1863, t. LVII, p. 674.

Pasteur. Note en réponse à des observations critiques présentées à l'Académie par MM. Pouchet, Joly et Musset dans la séance dn 21 sept. dernier.

Comptes-rendus, 2 novembre 1863, t. LVII, p. 724.

Pouchet. Observations sur l'air de la cime du Mont-Blanc, à 14,800 pieds d'altitude.

Comptes-rendus, 1863, t. LVII, p. 765.

Sur les limites de la résistance vitale au vide et à la dessiccation chez les animaux pseudo-ressuscitants.

Comptes-rendus, 16 novembre 1863, t. LVII, p. 813.

Joly et **Musset.** Réponse aux observations critiques de M. Pasteur, relatives aux expériences exécutées par eux dans les glaciers de la Maladetta. — *Flourens*, remarques à l'occasion de cette communication. —*Pasteur*. Remarques à l'occasion de cette communication.

Comptes-rendus, 16 novembre 1863, t. LVII, p. 842, 845, 846.

Pasteur. Etudes sur les vins. De l'influence de l'oxigène de l'air dans la vinification.

Comptes-rendus, 7 décembre 1863, t. LVII, p. 936.

Blondeau. Sur la fermentation acétique et sur la combustion alcoolique.

Comptes-rendus, 7 décembre 1863, t. LVII, p. 953.

Béchamp. Sur les générations dites spontanées.

Comptes-rendus, 7 décembre 1863, t. LVII, p. 958.

Pasteur. Note relative à des réclamations de priorité soulevées par M. Béchamp au sujet de ses travaux sur les fermentations et les générations dites spontanées.

Comptes-rendus, 14 décembre 1863, t. LVII, p. 967.

Berthelot. Remarques relatives à l'action de l'oxygène sur le vin.

Comptes-rendus, 14 décembre 1863, t. LVII, p. 983.

Basset. Réclamation de priorité concernant quelques faits relatifs à la théorie des prétendues générations spontanées.

Comptes-rendus, 14 décembre 1863, t. LVII, p. 990.

Envoi d'une étude sur les cellules primordiales et leurs transformations.

Comptes-rendus. 21 décembre 1863, t. LVII, p. 1016.

Schaaffhausen. Recherches sur la génération spontanée, Cosmos, 1863, p. 630.

Pouchet. Etudes expérimentales sur la genèse spontanée.

Annales des sciences naturelles, zoologie, 1863.

Phénomènes biologiques des fermentations. Genèse spontanée de la levure. Moniteur scientifique, 1863.

Nouvelles expériences sur la génération spontanée et la résistance vitale. 1 vol. in-8, Victor Masson. Paris, 1864.

Pasteur. Note sur les générations dites spontanées.

Comptes-rendus, 4 janvier 1864, t. LVIII, p. 21.

Béchamp. Remarques au sujet d'une note récente de M. Pasteur.

Comptes-rendus, 4 janvier 1864, t. LVIII, p. 68.

Berthelot. Action de l'oxygène sur le vin. Comptes-rendus, 4 janvier 1864, t. LVIII, p. 80.

Pasteur. Etudes sur les vins (2ᵉ partie). Des altérations spontanées, ou maladies des vins.

Comptes-rendus. 18 janvier 1864, t. LVIII, p. 142.

F. Pouchet. Observations sur la neige de la cime du Mont-Blanc et de quelques autres points culminants des Alpes.

Comptes-rendus, 1864, t. LVIII, p. 188.

Gaston d'Auvray. Expériences sur les générations spontanées.

Comptes-rendus, 6 février 1864, t. LVIII, p. 281.

F. Pouchet. Générations spontanées.—Remarques critiques sur le Mémoire où M. le vicomte Gaston d'Auvray annonce l'incombustibilité absolue des œufs et des spores des proto-organismes.

Courrier des sciences, de l'industrie et de l'agriculture, mars 1864.

Dufay (de Blois). Lettre à M. Maximin Legrand à propos du Mémoire envoyé, par M. d'Auvray, à l'Académie des sciences.

Union médicale, 12 mars 1864.

Béchamp. Sur la fermentation alcoolique.

Comptes-rendus, 4 avril 1864, t. LVIII, p. 601.

Pasteur. Conférence à la Sorbonne sur les générations spontanées.

Revue des cours scientifiques, 23 avril 1864.

F. Pouchet. Conférence sur les générations spontanées, publiée par G. Pennetier.

Revue des cours scientifiques, 23 avril 1864.

Pasteur. Conférence sur les fermentations, publiée par Danicourt. Revue des cours scientifiques, 1864-65.

E. Noël. Les générations spontanées, broch. in-8. Paris, Ledoyen, mai 1864.

Béranger (de l'île Maurice). Recherches expérimentales sur l'hétérogénie.

Comptes-rendus, 9 mai 1864.

Donné. Recherches sur la putréfaction des œufs couvés, pour servir à l'histoire des générations dites spontanées.

Comptes-rendus, 23 mai 1864, t. LVIII, p. 950.

Milne Edwards. Remarques à l'occasion de la communication précédente. *Id.*, p. 952.

F. Pouchet. Observations sur la prétendue scissiparité de quelques microzoaires.

Comptes-rendus, 1864, t. LVIII, p. 1079.

Child. Proceedings of the royal Society of London, numéro 6; 5, 16 june 1864.

Coste. Développement des infusoires ciliés dans une macération de foin.

Comptes rendus, 25 juillet 1864, t. LIX, p. 149.

F. Pouchet. Embryogénie des infusoires ciliés. Réponse aux observations de M. Coste. *Id.*, 8 août 1864.

Coste. Développement des infusoires ciliés. Réponse aux observations de M. Pouchet. *Idem.* 22 août 1864.

F. Pouchet. Réponse à M. Coste. *Idem.*, 29 août 1864.

Joly. Conférence sur l'hétérogénie faite à la faculté de médecine de Paris, le 28 juin 1864.

Broch. in-8, juillet 1864. Paris, Germer Baillière.

Fromentel. Recherches expérimentales sur la question des générations spontanées.

Comptes-rendus, 1er août 1864, t. LIX, p. 227.

Leplat et Jaillard. De l'action des bactéries sur l'économie animale.

Comptes-rendus, 1er août 1864. t. LIX, p. 250.

Davaine. Réponse à une communication de MM. Leplat et Jaillard, sur l'action des bactéries sur l'économie animale.

Comptes-rendus, 17 août 1864, t. LIX, p. 338.

Leplat et Jaillard. De l'action du Penicillium glaucum et de l'oïdium Tuckeri sur l'économie animale.

Comptes-rendus, 17 août 1864, t. LIX, p. 339.

Donné. De la génération spontanée des moisissures végétales et des animalcules infusoires.

Comptes-rendus, 13 août 1864.

Pasteur. Observations verbales relatives à la communication précédente. Comptes-rendus, 13 août 1864.

Lemaire. Recherches sur les microphytes et sur les microzoaires. Comptes-rendus, 17 et 22 août 1864, t. LIX, p. 317 et 380.

Micrographie de la vapeur d'eau atmosphérique. Comptes-rendus, 17 août 1864, t. LIX.

Davaine. Nouvelles recherches sur la nature de la maladie charbonneuse connue sous le nom de sang de rate.

Comptes-rendus, 22 août 1864, t. LIX, p. 393.

F. Pouchet. Mémoire sur l'embryogénie des infusoires.

Comptes-rendus, 1864, t. LIX, p. 276.

Observations sur le développement des infusoires ciliés.

Comptes-rendus, 1864, t. LIX, p. 422.

Fromentel. Sur la putréfaction, la gangrène et les microzoaires dits ferments.

Comptes-rendus, 26 septembre 1864, t. LIX, p. 560.

Béchamp. Sur l'origine des ferments du vin. Comptes-rendus, 10 octobre 1864, t. LIX, p. 626.

Davaine. Recherches sur les vibrioniens.

Comptes-rendus, 10 octobre 1864, t. LIX, p. 629.

Is. Pierre. Etudes sur la maladie des animaux d'espèces ovine et bovine, connue sous le nom de sang de rate.

Comptes-rendus, 24 octob. 1864, t. LIX, p. 689.

Lemaire. Expériences sur la fermentation des matières organiques en vases clos.

Comptes-rendus, 24 octob. 1864, t. LIX, p. 696.

G. Pouchet. De la pluralité des races humaines, 2e édition p. 162-65. Paris 1864.

Paolo Mantegazza. Sulla generazione spontanea. Milano, 1864.

G. Ville. Les fermentations.

Revue des cours scientifiques, 1864-65.

Ch. de Vaurcal. Essai sur l'histoire des ferments. 1 vol. in-8. Adrien Delahaye. Paris, 1864.

C. Robin. Mémoire sur les divers modes de la naissance de la substance organisée en général et des éléments anatomiques en particulier. Journal de l'anatomie et de la physiologie. Paris, 1864.

Berthelot. Sur la fermentation alcoolique.

Comptes-rendus, 2 janvier 1865, t. LX, p. 29.

Béchamp. Sur le dégagement de la chaleur comme produit de la fermentation alcoolique.

Comptes-rendus 30 janvier 1865, t. LX, p. 241.

Sur la matière albuminoïde, ferment de l'urine. Comptes-rendus, 27 février 1865, t. LX, p. 445.

Milne Edwards. Sur la génération dite spontanée. Annales des sciences naturelles, janvier 1865, p. 36.

Pasteur. Sur la conservation et l'amélioration des vins.

Comptes-rendus, 1865, t. LX, p. 899 et 1109 ; t. LXI, p. 274 et 979.

Joly. 2e Conférence publique sur l'hétérogénie, faite à Paris, le 1er mars 1865. Broch. in-8. Paris, Germer Baillière, 1865.

Mantegazza e Cantoni. Di alcune esperienze sull'eterogenia in vasi chiusi e con sostanze bollite ad atmosfera arroventata. Milano, juillet 1865.

G. Pennetier. Les microscopiques. — Actes du museum d'histoire naturelle de Rouen t. II,—Broch. in-8, septembre 1865.

Trécul. Production de plantules amylifères dans les cellules végétales pendant la putréfaction, chlorophylle cristallisée. Présenté à l'Institut le 11 septembre 1865.

Note sur des spores remplissant des cellules parenchymateuses qui, avant la putréfaction, renfermaient des grains d'amidon ; germination de ces spores.

Présentée à l'Institut le 2 octobre 1865.

Nylander. De la nature des amylobacter, *Flora* 2e série t. XXXVIII et Bull. soc botan. de Franc. t. XII, p. 396.

Balard. Rapport sur les expériences relatives à la génération spontanée. Comptes-rendus 1865, 1er semestre, p. 389. Courrier des sciences, 1865, t. IV, p. 294.

V. Meunier. Examen du Rapport de la Commission des générations spontanées. *Idem*, p. 281.

Ch. Musset. Réponse au Rapport de la Commission sur les expériences relatives à l'hétérogénie. Mém. Acad. sc., de Toulouse 6e série, t. V.

Hermann Hoffmann. Nature végétale de la levûre. Courrier des sciences, 1865, t. IV, p. 426.

Zur Naturgeschichte der Hefe (sur l'histoire naturelle de la levûre).—Botanische Unters u chungen, herausgegeben von H. Karsten.

V. Meunier. Notes présentées à l'Académie des sciences les 28 août, 11 septembre et 11 décembre 1865.

Pasteur. Observations verbales relatives à des notes communiquées à l'Académie par M. Victor Meunier dans les séances des 28 août, 11 septembre et 11 décembre 1865.

Comptes-rendus, décembre 1865.

V. Meunier. Sur la résistance vitale des Kolpodes exkystés.

Mémoire présenté à l'Académie des sciences, le 4 déc. 1865.

Comptes-rendus, t. LXI, p.

F. Pouchet. Expériences sur la congélation des animaux.

Comptes-rendus, 1865, t. LXI, p. 831 et 883.

Child. Proceedings of the royal Society 1865, t. LXXIV, p. 184.

V. Meunier. La science et les savants, en 1864. 1 vol. in-12. Paris, Germer Baillère, 1865.

L.-H. de Martin. Des fermentations et des ferments. Broch. in-8. Montpellier, 1865.

Coze et Feltz. Des fermentations internes. Broch., 1865. Strasbourg.

Recherches expérimentales sur la présence des infusoires et l'état du sang dans les maladies infectieuses.

Broch. Strasbourg, 1866.

E. OEhl et Cantoni. Richerche sullo sviluppo degli infusorii considerato in sè siesso e in relazione colla loro genesi. Milano 1866.

Ch. Ozanam. L'hétérogénie; histoire de la génération spontanée, broch. in 8°.

V. Meunier. Réponse à une note de M. Pasteur. Lue à l'Académie des sciences, le 22 janvier 1866 et insérée dans la Presse scientifique et industrielle du 16 février 1866.

Arthur. Mémoire sur les générations spontanées. — Comptes-rendus 7 mai 1866.

G. Pennetier. De la mutabilité des formes organiques. — Gazette hebd. de méd. et de chir. 8-15 juin 1866 — broch. in 8°. Paris, Victor Masson.

Bechamp. Du rôle de la craie dans les fermentations butyrique et lactique, et des organismes actuellement vivants qu'elle contient. — Comptes-rendus 10 septembre 1866, t. LXIII, p. 451.

E. Maumené. Observations critiques au sujet des études sur le vin de M. Pasteur. — Journal de viticulture pratique, novembre 1866.

F. Pouchet. Résistance vitale des semences d'un *medicago* à l'ébulition de l'eau, pendant quatre heures.

Comptes-rendus, 3 décembre 1866.

Donné. Lettre à M. Robin sur la génération spontanée des animalcules infusoires.

Comptes-rendus, 17 décembre 1866, t. LXIII, p. 1072.

Pasteur. Remarques à l'occasion de la note de M. Donné. Comptes-rendus, 17 décembre 1866, t. LXIII, p. 1073.

F. Pouchet. Note sur la résistance vitale; réponse aux observations de M. Pasteur. Comptes-rendus, 31 décembre 1866. t. LXII.

J. Perez. Recherches sur l'anguillule terrestre, in-4. Paris, 1866.

Taule. Notions sur la nature et les propriétés de la matière organisée. (*Appendice* sur la génération spontanée et l'unité de composition), in-8. Paris, 1866.

V. Meunier. La science et les savants, en 1865, in-12. Paris, Germer Baillière, 1866.

La science et les savants, en 1866. *Idem.* Paris, 1867.

Clémenceau. De la génération des éléments anatomiques, in-8. Paris, 1867.

A. Laugel. Les problèmes de la vie, in-12. Paris, 1867.

Onimus. Expériences sur la genèse des leucocytes et sur la génération spontanée. Journ. de l'anat. et de la phys. de Ch. Robin. numéro du 1er janvier 1867. Paris, Germer Baillière.

V. Poulet. Note sur la présence d'infusoires innombrables dans l'air expiré pendant la durée des maladies infectieuses. Comptes-rendus, t. LXIV. 2 avril 1867.

Note sur la présence d'infusoires dans l'air expiré pendant le cours de la coqueluche—idem, t. LXV, 5 août 1867.

Ch. Rouget. Note sur les phénomènes de contraction musculaire chez les Vorticelles — Comptes-rendus, t. LXIV, séance du 3 juin 1867.

J. Lemaire. Recherches sur la nature des miasmes fournis, par le corps de l'homme en santé. — Comptes-rendus T. LXV, 27 sept. et 25 octobre 1867.

Trécul. Réponse à trois notes de M. Nylander, concernant la nature des amylobacter. — Comptes-rendus t. LXV, 28 septembre 1867.

Donné. Note sur la putréfaction des œufs et sur les produits organisés qui en résultent.— Comptes-rendus, t. LXV, 7 octobre 1867,

Milne Edwards. Rapport sur les progrès récents des sciences zoologiques en France, grand in-8° Paris 1867 (CHAP. II; travaux récents relatifs à la multiplication et au développement des animaux).

P. J. Proudhon. Lettres sur la génération spontanée, adressées en 1864 à MM. F. Pouchet et E. Noël.— Courrier français, 16, 18, 19 octobre 1867.

M.-H. Deschamps; Recherches sur les générations spontanées et sur la matière, ses propriétés et ses lois; broch. in-8°, Paris, novembre 1867.

E. Dally. INTRODUCTION à l'ouvrage de M. Th.-H. Huxley, intitulé : *De la place de l'homme dans la nature.* 1 vol. in-8°. J.-B. Baillière et fils, Paris, 1868.

V. Meunier. Sur l'apparition d'êtres vivants et en particulier de deux espèces nouvelles d'aspergillus dans des ballons à cols sinueux (*sous presse*)

Ch. Mussel. Phénomènes qui se passent dans l'intérieur des cellules closes des végétaux en décomposition naturelle. Démonstration de l'hétérogénie par voie directe. (*sous presse*).

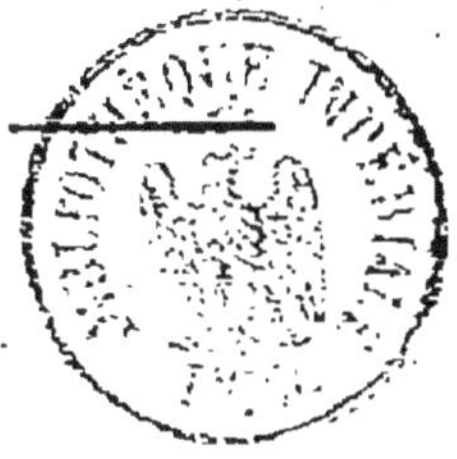

TABLE DES MATIÈRES.

Valence, imprimerie Jules Céas et fils.

J. ROTHSCHILD, Éditeur, 43, rue Saint-André-des-Arts

L'ART DE PLANTER

Plantations en général — Plantations en butte

Traité pratique sur l'art d'élever en pépinière et de planter à demeure
les Arbres forestiers, fruitiers et d'agrément

Précédé d'une Introduction spéciale pour la France

PAR LE BARON H. E. DE MANTEUFFEL
Grand-maître des forêts de Saxe

Traduit sur la troisième édition allemande par I. P. STUMPER
Accessit forestier à Luxembourg

Revu par L. GOUËT, Sous-Inspecteur des forêts, Directeur de
l'Etablissement d'arboriculture pratique de Vilmorin aux Barres

A l'usage des Agents forestiers, Ingénieurs, Pépiniéristes, Horticulteurs, Propriétaires de parcs et de bois, Régisseurs, Administrateurs de forêts, Gardes forestiers, Gardes particuliers, etc.

UN VOL. IN-18 ORNÉ DE 16 GRAVURES SUR BOIS. PRIX, RELIÉ, 2 FR

A une époque où la culture des plantes ligneuses est, en France,

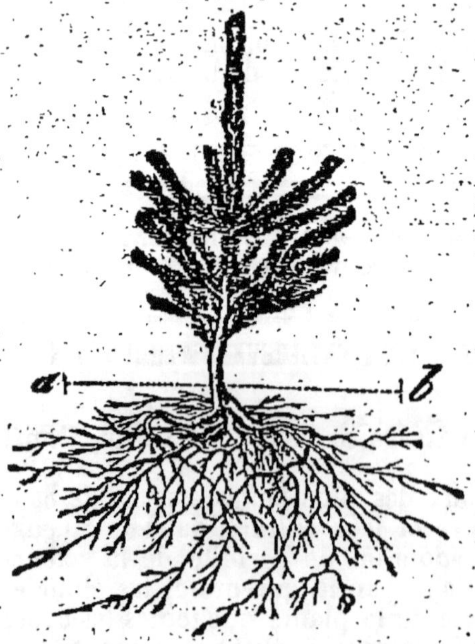

l'objet d'une faveur de
plus en plus marquée,
nous croyons rendre un
service véritable en publiant la traduction de
la troisième édition du
remarquable ouvrage allemand du baron de
Manteuffel, sur l'art des
plantations.

Qu'il s'agisse de planter par trous ou par
buttes, par buttes surtout, d'étudier l'élève
des plants en général
de créer des pépinières
fixes ou volantes, de
préparer le terrain, de
choisir la saison la plus
favorable, etc., etc., tout
ce qui tient, en un mot
à l'art de *planter* les
végétaux ligneux est indiqué dans cet ouvrage
en un langage simple
clair, précis et accessible à tous.

ÉDITION DE 1868

GRAND ATLAS UNIVERSEL

Collection de Cartes nouvelles inédites

Construites d'après les récents levés et les ouvrages des voyageurs et des explorateurs les plus éminents, gravées d'après des dessins originaux, par **WILLIAM HUGHES**, avec introduction par BAISSAC, au dépôt de la Guerre, et suivi d'une *Table générale de tous les noms se trouvant dans l'Atlas*.

Ouvrage honoré d'une souscription de S. E. M. le Ministre de l'Agriculture, du Commerce, et de M. le Directeur général des Postes.

1 VOL. IN-FOLIO AVEC 51 CARTES GRAVÉES
ET IMPRIMÉES EN CHROMOLITH. 1/2 RELIURE TRANCHE DORÉE, 140 FR.

Cet Atlas général embrasse toutes les nouvelles découvertes et tient compte des rectifications de la science et des modifications introduites par la politique. Il contraste à son avantage avec tous les atlas connus par la clarté et la netteté obtenues dans la figuration générale comme dans les lignes de démarcation, et par le développement donné à l'échelle de certaines parties, naguère trop négligées, et dont l'importance a depuis grandi considérablement.

TABLE GÉNÉRALE DES CARTES

1. Mappemonde.	28. Turquie d'Asie.	
2. Planisphère terrestre.	29. Syrie et la Péninsule du Sinaï.	
3. Europe.	30. Arabie, Égypte, Nubie, Abyssinie.	
4. Grande-Bretagne.	31. Perse, Afghanistan, Beloutchistan.	
5. — commerciale et industrielle.	32. Inde, partie nord.	
6. Angleterre, partie nord.	33. Inde, partie sud.	
7. — partie sud.	34. Birmanie, Siam, Anam et Archipel indien.	
8. Écosse, partie nord.	35. Chine et Japon.	
9. — partie sud.	36. Russie d'Asie.	
10. Irlande, partie nord.	37. Afrique.	
11. — partie sud.	38. — du nord et du sud.	
12. France.	39. Amérique du Nord.	
13. Belgique et Hollande.	40. Canada, Nouveau Brunswick, Nouvelle Écosse, Terre-Neuve, partie de l'est.	
14. Suisse	41. Canada, partie de l'ouest.	
15. Confédération germ., partie nord.	42. États-Unis, partie du nord-est.	
16. — partie sud.	43. — partie de l'ouest.	
17. Autriche.	44. — partie du sud-est.	
18. Prusse.	45. Mexique et Amérique centrale.	
19. Danemark avec ses colonies.	46. Inde.	
20. Suède et Norwége.	47. Amérique du Sud, partie nord.	
21. Russie.	48. — partie sud.	
22. Turquie.	49. Australie.	
23. Grèce, Iles Ioniennes et Archip. grec.	50. Nouvelle-Galle, Terre de Victoria et Australie du Sud.	
24. Italie, partie nord.	51. Nouvelle-Zélande et Polynésie.	
25. — partie sud.		
26. Espagne et Portugal.		
27. Asie		

Table générale de tous les noms se trouvant sur les 51 cartes, avec indication des degrés de longitude et latitude pour faciliter toute recherche géographique, avantage notable qui ne se trouve dans aucun autre Atlas.

J. ROTHSCHILD, ÉDITEUR, PARIS

ANNUAIRES SCIENTIFIQUES

Causeries scientifiques. — Découvertes et Inventions. — Progrès de la Science et de l'Industrie, par HENRI DE PARVILLE. Un volume in-18, orné de nombreuses vignettes. Septième année. 2e série, tome I. Prix. . . . . 3 fr. 50

La Science populaire ou Revue du progrès des connaissances et de leurs applications aux arts et à l'industrie (contenant l'Exposition de 1867) par J. RAMBOSSON. 2e série, tome II. 1 volume in-18 relié de 225 pages. Prix : 1 fr. Prix des deux volumes parus. . . . . . . 2 fr

Le Mouvement agricole, 2e année. — Revue des progrès accomplis récemment dans toutes les branches de l'Agriculture. Travaux mensuels, etc., par VICTOR BORIE, 1 volume in-18 relié. — Prix : 1 fr. Prix des deux volumes parus jusqu'à ce jour. . . . . 2 fr.

Le Mouvement horticole, 2e année. — Revue des progrès accomplis récemment dans toutes les branches de l'Horticulture, par ED. ANDRÉ. 1 vol. in-18 relié. — Prix : 1 fr. — Prix des deux vol. parus. 2 fr.

PUBLICATIONS DIVERSES

La Vigne dans le Bordelais, Histoire, Commerce, Culture, Histoire naturelle, etc., par AUG. PETIT-LAFITTE, professeur d'agriculture du département de la Gironde. Ouvrage publié sous les auspices de Son Exc. M. le Ministre de l'Agriculture, illustré de 75 vignettes sur bois. 1 très-fort volume in-8°. — Prix. . . . . 12 fr.

Les Promenades de Paris. — Bois de Boulogne. — Bois de Vincennes. — Parcs. — Squares. — Boulevards. — Par A. ALPHAND, directeur de la voie publique. Ouvrage orné de chromolithographies et de gravures sur acier et sur bois, publié en livraisons grand in-folio. Prix : 5 fr. Édition de luxe. — Prix. . . . . 10 fr.

Le Monde des Bois, Plantes et Animaux, par FERD. HOEFER. Splendide volume in-8°, avec 300 vignettes sur bois, dessins par Freeman, Rallet, Daubigny, Yan'Dargent, Poteau, Blanchard, Pizetta, Riocreux. Ouvrage de luxe enrichi de 27 gravures sur acier. 25 fr. Même édition sans les gravures sur acier. — Prix. . . . . 15 fr.

Le Monde des Papillons. — Texte et dessins de MAURICE SAND, avec préface et une étude sur les PAPILLONS de GEORGE SAND, augmenté de la FAUNE DES PAPILLONS D'EUROPE, par A. DEPUISET. Magnifique ouvrage in-4°, orné de 66 dessins sur bois, et de 50 planches en chromolithographie. Prix, br. 30 fr. rel. 35 fr.

Les Fougères. Choix des espèces les plus remarquables pour la décoration des Serres, Parcs, Jardins et Salons, précédé de leur histoire botanique, pittoresque et horticole, par MM. A. RIVIÈRE, E. ANDRÉ, E. ROZE. Augmenté de l'*Histoire botanique et horticole des Selaginelles*, par E. Roze. — 2 volumes grand in-8° avec 155 chromolithographies et 250 grav. sur bois. Prix de l'ouvrage complet : 60 fr. relié. 70 fr.

Les Plantes à feuillage coloré. — Recueil des espèces les plus remarquables servant à la décoration des Jardins, des serres et des appartements, précédé d'une introduction par CHARLES NAUDIN, membre de l'Institut. Tome I. Magnifique volume in-8, illustré de 60 chromolithographies et de 60 gravures sur bois, dans le texte. Seconde édition. — Prix : 30 fr. — Tome II. Première livraison, contenant 12 chromolithographies et 12 gravures sur bois. — Prix. . . . . . . 6 fr

PARIS. — J. CLAYE, IMPRIMEUR, RUE SAINT-BENOIT, 7. — [335]